民族之魂

勤俭节约

陈志宏◎编著

延边大学出版社

图书在版编目（CIP）数据

勤俭节约 / 陈志宏编著 . —— 延吉：延边大学出版
社 , 2018.4（2023.3 重印）
（民族之魂 / 姜永凯主编）
ISBN 978-7-5688-4526-7

Ⅰ . ①勤… Ⅱ . ①陈… Ⅲ . ①品德教育－中国－青少
年读物 Ⅳ . ① D432.62

中国版本图书馆 CIP 数据核字（2018）第 069706 号

勤俭节约

编　　　著：陈志宏
丛 书 主 编：姜永凯
责 任 编 辑：孙淑芹
封 面 设 计：映像视觉
出 版 发 行：延边大学出版社
社　　　址：吉林省延吉市公园路 977 号　　邮编：133002
网　　　址：http://www.ydcbs.com　　E-mail：ydcbs@ydcbs.com
电　　　话：0433-2732435　　　　　传真：0433-2732434
发行部电话：0433-2732442　　　　　传真：0433-2733056
印　　　刷：三河市同力彩印有限公司
开　　　本：640×920 毫米　　　　1/16
印　　　张：8　　　　　　　　字数：90 千字
版　　　次：2018 年 4 月第 1 版
印　　　次：2023 年 3 月第 2 次印刷
ISBN 978-7-5688-4526-7

定价：38.00 元

人有灵魂，国有国魂；一个民族，也有民族魂。

鲁迅先生曾经说过："唯有民魂是值得宝贵的，唯有他发扬起来，中国才有真进步。"

鲁迅先生以笔代戈，战斗一生，曾被誉为"民族魂"。

民族魂，顾名思义，就是一个民族的灵魂！民族魂，是一个民族的精髓，体现了一种民族的精神，是一个民族生存和存在的精神支柱。

什么是中华民族的民族魂？那就是中华民族精神！它是中华民族凝聚力的理念核心，是中华文明传承的基因。它包含热烈而坚定的爱国情感，对生活的美好愿望和追求，为目标努力奋斗的拼搏毅力，为正义事业不惜牺牲自己的精神，以及正确的人生观和价值观。

前 言

翻开浩瀚的中国历史长卷，我们可以看到数不胜数的，体现民族精神和民族魂的英雄人物和可歌可泣的感人故事。

民族魂，不仅体现在爱国主义精神和行动中，而且体现在各个领域自强不息的民族奋斗中。而中华民族精神的力量，更是深深植根于延绵几千年的传统文化之中，始终是维系中华各族人民共同生活的纽带，是支撑中华民族生存和发展的精神支柱，是不断推动中华民族前进的强大动力。

民族魂体现在"重大义，轻生死"的生死观中；民族魂体现在"国家兴亡，匹夫有责"的使命感中；民族魂体现在"我以我血荐轩辕"的大无畏精神中；民族魂体现在将国家利益置于最高的爱国情怀中！

　　纵观中华五千年文明史，曾经有多少杰出的政治家、军事家、思想家、文学家、科学家、艺术家；曾经有多少忧国忧民、鞠躬尽瘁的仁人志士；曾经有多少抗击外敌、英勇献身的民族英雄。他们或顺应历史潮流，积极改革弊政，励精图治，治国安邦，施利于民；或为人类进步而不断进行着农业、工业、科技、社会等各种创新；或开发和改造河山，不断创造着灿烂的中华文明；或英勇反击外来侵略，捍卫着国家主权和民族尊严；或坚决反对民族分裂，维护国家的统一……他们从不同的侧面，体现了中华民族的民族魂，谱写了几千年中华文明的壮丽诗篇，铸造了中华民族高尚而坚不可摧的"民族之魂"。

　　民族魂，就是爱国魂。从屈原在汨罗江边高唱的《离骚》，到文天祥大义凛然赴死前的"人生自古谁无死，留取丹心照汗青"的诗句；从岳飞的岳家军抗击入侵金兵，到郑成功收复台湾；从血雨腥风的鸦片战争，到硝烟弥漫的十四年抗战，再到抗美援朝的隆隆炮声……哪个为国捐躯的英雄不是可歌可泣的？

　　民族魂，就是奋斗魂。从勾践卧薪尝胆，到司马迁秉笔直书巨著《史记》；从鉴真东渡传播佛法终在第六次成功，到詹天佑自力更生建铁路；从袁隆平百次实验成为"水稻之父"，到屠呦呦的青蒿素获得诺贝尔奖……哪个不是历经艰难，最终取得成功？

　　民族魂，就是改革献身魂。从管仲改革到商鞅变法；从王安石变法到百日维新……哪次变法图强不是要冲破

民族之魂

旧势力的阻挠，或流血牺牲？

　　民族魂，就是创新魂。古有毕昇发明活字印刷，今有王选计算机照排；古有指南针、造纸术、火药、浑天仪、地动仪的发明，今有神舟号的相继飞天……哪个不是中华民族的智慧结晶？

　　自古以来，多少仁人志士为了维护人格的尊严和民族气节，以生命为代价！留下了"玉可碎不可污其白，竹可断不可毁其节"的称颂；有多少英雄豪杰，为理想和事业奋斗，面对死亡的威胁，大义凛然；有多少爱国壮士面对侵犯祖国的列强，挺身而出而献出生命。

　　伟大的中华民族孕育了五千年的辉煌，五千年的历史留下了璀璨的中华文明。

前　言

　　中国人的血脉流淌着顽强不屈的精神！我们的先辈用血汗和生命铸就了不朽的中华民族魂！换得如今中华大地的一片祥和安宁，换得我们现在的幸福生活。如今，我们要实现习近平主席提出的中国梦，依然需要我们秉承祖辈留下的这种"民族魂"。

　　青少年是国家的希望，亦是民族的未来。因此，爱国主义教育和励志图强教育要从青少年开始。为了增强对青少年的民族精魂和志向教育，我们精心编写了本套丛书——《民族之魂》丛书。

　　本套丛书将我国有史以来体现民族精神和民族魂的典型事迹，以通俗易懂的语言故事形式展现出来，适合青少年的阅读水平和欣赏角度。书中提供的人物和事件等故事，涉及社会的各个方面，有利于青少年学习和理

解，使读者能全方位地领悟中华民族精神。

为了帮助读者更好地理解和吸收故事的精神，编者在每篇故事后还给出了"心灵感悟"，旨在使故事更能贴近现实社会，让读者结合自身的需要学习领会，引发读者更深入的思考。

希望读者们可以从本套图书中获得教益，通过阅读，真正体会到中华民族之魂所在，同时能汲取其精华，不断提升自己各方面的素质和品格，为祖国新时代的建设和发展做出努力。

全套丛书分类编排，内容详尽，风格独具，是广大读者尤其是青少年爱国励志教育的优秀阅读材料。相信本套丛书一定可以成为青少年朋友的良师益友。

民族之魂

导言

　　"简"，即简单、简要，延伸有简洁、简朴、简练、简约等。纵观古今世事，大凡至善至美的东西，都是简单的。土地质朴无华，但能养育万物；清水无色无香，但能孕育生命。《老子》一书被誉为哲学的哲学，只有五千言。电子计算机每秒处理上百亿兆的数据，但原理只是数学上的二进制。自古以来被国人推崇且畅用的，并带有神秘色彩的一部《周易》，变幻无穷，玄而又玄，但变来变去离不开阴阳二仪："易有太极，太极生两仪，两仪生四象，四象生八卦，八卦定吉凶，吉凶生大业。"阿拉伯数字只有10个，却能算尽人间的全部数量关系。英文字母只有26个，却能表达人类全部的思想。林肯那篇脍炙人口的葛底斯堡演讲短短二百余言，但堪称经典，一百多年来流传不衰。所以，要求得真谛，人们就应向简处着眼。圣雄甘地早就说过："简单是宇宙的精髓。"

　　简单是一种美德。我们的先贤们，在这方面可谓有所表率。本书内容所涵盖的许多经典故事就是鲜活的范例。这些提倡从简的故事中，帝王将相有之，如"察必皇后尚节俭""汉元帝倡'去奢崇俭'""宋仁宗施仁政不事奢华""汉光武帝力行倡薄葬""宇文邕胜战毁撤宫殿""雍正帝力倡节俭戒奢""李皇后明理舍财谏夫""宋理宗举措减冗官"等，身为一国之尊，能够提倡节俭行事，实难能可贵；贤人名士有之，如"庄子倡导人生逍遥""向长拒官不受""阎敬铭勤俭持家"，封建社会大多数读书人都是秉承"学而优则仕"的理念，中举做官求富贵，但是这些有识之人，满腹经纶后却能不羡官位，勤俭治家，也是难能可贵的典范；达官贵人有之，如"孔奂出仕两朝身居简所""令狐楚遗训薄葬""刘敏廉勤惠政""李沆身为宰相居陋室""两袖清风元德秀"等，已经身居高位，可谓是位高权重，要风得风要雨得雨，但是他们竟然能够一心为政，克己奉公，两袖清风、勤俭有度，更实则为今日官员学习的榜样。

一个"简"字，可以涉猎万事万物的许多方面。生活从简，不奢华、不浪费，节约了大量资源，节省了人力、物力、财力；语言从简，不啰嗦、不赘述，节省了自己的时间也节省了别人的时间；办事从简，减少很多不必要的程序和环节，提高效率；当领导的人简单，就会减轻下属的负担，引领出好的工作作风。

在本书中，我们从古代先贤和近、现代楷模的事迹中，精选出一些典型故事。从这些故事中，能够看到他们身上优秀的勤俭品质，以及

导言

克己奉公的精神，在今天，依然是我们学习的榜样。希望大家通过阅读此书，从中受到教益和启迪，学习他们这种精神和品格，在自己的生活和以后的工作中，能够本着勤俭节约、简朴清廉的理念，做一个品德高尚的人。

目录
CONTENTS

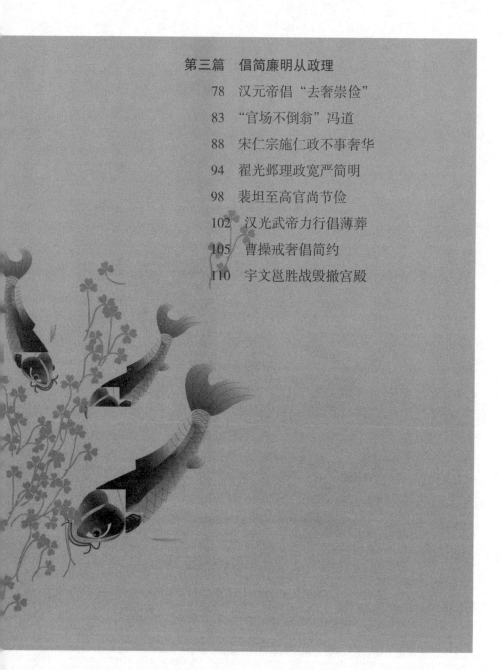

坦然处世淡名利

庄子倡导人生逍遥

　　庄子（约前369—前286），战国中期哲学家，庄氏，名周，字子休（一作子沐），宋国（今河南商丘）人。庄子是我国先秦（战国）时期伟大的思想家、哲学家和文学家。原系楚国公族，楚庄王后裔，后因战乱迁至宋国蒙，是道家学说的主要创始人。与道家始祖老子并称为"老庄"，他们的哲学思想体系，被思想学术界尊为"老庄哲学"，然文采更胜老子。代表作《庄子》并被尊崇者演绎出多种版本，名篇有《逍遥游》《齐物论》等，庄子主张"天人合一"和"清静无为"。

　　庄周是中国历史上很有名的一个思想家，他同孔子、孟子、墨子一样有不少门生，人们都把庄周称为庄子。庄子是宋人，因为宋国一部分的土地被楚国兼并了，所以他也算是楚人。他是老子一派道家的中心人物，他目睹列国的君王和贵族尔虞我诈地争权夺利，心里非常厌恶，尤其反对人们行为虚伪和"成则为王，败则为寇"的是非标准。他说："做了升、斗量东西，可人家连升、斗也给偷了去；做了秤称东西，人家连秤也偷了去；做了符、做了印，作为凭信，人家连符和印都偷了去；提倡仁义来纠正人们的行为，人家连仁义也偷了去。偷了一只钩子的人，逮住了便定死罪；偷了一个国家的人，倒是做了诸侯，诸侯家里有的是仁义！"

庄子因为厌恶列国诸侯和贵族们尔虞我诈的行为，就反对虚伪的道德标准，这在混乱的时代也是对统治者的一种反抗。但是他走上了消极的道路，否定一切，甚至连做人的意义和人类的生存意义都否定了，认为人生只不过是一场梦而已。有一天，他做了一个梦。在梦里他变成了一只蝴蝶，在树林子里飞来飞去。他醒来一想："原来我庄周在梦里变成了一只蝴蝶。"这本来也没有什么太奇怪的，可是他却幻想起来了："我到底是庄周，还是蝴蝶呢？是庄周在梦里变成蝴蝶了呢，还是蝴蝶在梦里变成庄周了呢？反正人生如梦，庄周做梦也好，蝴蝶做梦也好，没有多大的关系。"这种想法使他越来越悲观了。

他有个朋友叫惠施，宋国人，人们都称之为惠子。他同孟子也是同时代人，都见过魏惠王和齐宣王。惠施官运亨通，做到了魏惠王的相国。有一次，庄子去魏国看他，有人对惠施说："庄子名声大，本领高，他一来，我斗胆说句您不爱听的话，您这相国的职位也许就保不住了。"惠施感到害怕，便下了一道命令，在国内搜查庄周，搜了三天三夜。后来庄周自己去见了惠施，对他说："南方有种鸟叫凤凰，你知道吗？凤凰从南海出发，飞到北海去。累了，不是梧桐树就不停下来；饿了，不是竹实就不吃；渴了，不是甘泉就不喝。这时候，有只猫头鹰，抓着一只腐烂的死耗子，看到凤凰飞过来，抬起头来盯着凤凰嚷着说：'嗨！不准抢我的死耗子！'现在你也抓住魏国来'吓'我吗？"惠施红了脸，向庄子道歉。

惠施还请庄子出去玩，他们在濠水桥上走，庄子看到桥下的鱼儿从从容容地游来游去，不由得说了声："这是鱼的快乐啊！"惠施喜爱辩论，就说："您不是鱼，怎么知道鱼的快乐呢？"庄子反问说："您不是我，又怎么知道我不知道鱼的快乐呢？"惠施说："照这么说来，我不是您，就不能知道您；那么，同样的道理，您不是鱼，就不能知道鱼的快乐。"庄子一本正经地说："要这么兜来兜去地套着说，谁都没法知道谁了。我只是说：因为我自己在桥上自由自在地走，觉得很快乐，就推想到鱼在桥下从从容容地游，也一定很快乐。"惠施这才没话说了。

庄子和惠施虽然是朋友，可是终究因为两个人的思想和脾气不一样，合不来。尤其是惠施做了大官后，威风得很。庄子看他越是威风，越发瞧不起他。

楚威王只知道庄子很有学问，但他不知道这种学问究竟有什么用，也不知道庄子的脾气。于是他派使者带着1000斤黄金作为礼物去见庄子，请他去做相国。庄子笑着对使者说："1000斤黄金，这份礼够重了；一国的相国，这地位也够高了。可是您看见过祭祀用的牛吗？养了几年，养肥壮了，可以用了。牛身上披着绣花的彩衣，被人们牵到太庙里去，到了此时，它想做只小猪，办得到吗？"他又对使者说："礼物请带回去，别来害我，我宁可做个老百姓在泥土中吃口苦饭过日子。"

庄子一辈子不愿意做官，楚威王终究没能把他请了去。

■ 故事感悟

庄子一生淡泊名利，对任何事物都会化简去繁，情愿一生简单无为，也不愿意做官享受富贵的生活，可见庄子是个多么简单的人呀！

■ 文苑拾萃

纵横家

战国时以从事政治外交活动为主的一派，是诸子百家之一，创始人端木赐（端木赐是纵横术可考的最早使用者，故称创始人）。杰出代表人物有：苏代、姚贾、苏秦、张仪。《韩非子》说："纵者，合众弱以攻一强也；横者，事一强以攻众弱也。"他们朝秦暮楚，事无定主，反复无常，设想谋划多从主观的政治要求出发。

合纵派的主要代表是苏秦，连横派的主要代表是张仪。苏秦为赵国相位，"合纵抗秦"，并兼六国相印，威风八面。但好景不长，其"合纵"即刻瓦解，苏秦死于齐闵王车裂极刑。张仪受苏秦"提携"，做了秦国大夫。而当苏秦死后，立刻推行他的"连横"术，使苏秦的合纵荡然无存，也为秦国最后统一中国奠定了理论基础。

令狐楚遗训薄葬

令狐楚（766—837），唐代文学家。汉族，字悫士。京兆府咸阳（今陕西咸阳市）人，先世居敦煌（今属甘肃）。贞元七年（791年）登进士第。宪宗时，擢职方员外郎，知制诰。出为华州刺史，拜河阳节度使。入为中书侍郎，同平章事。宪宗去世，为山陵使，因亲吏赃污事贬衡州刺史。逝世于山南西道节度使镇上。谥曰文。

令狐楚外貌严肃庄重，不可冒犯，而内心宽大厚道，对士人有礼遇。从事政务善于安抚和管理，治理很有成绩，大家都得到了适当的安置。他病重的时候，很多人劝他吃药，他不肯服用，说："士固有命，何事此物邪？"然后亲自写奏章感谢天子，并招当时身为门人的李商隐帮他一并完成。并告诫儿子们说："我活着对时世没有什么补益，请不要朝廷给予谥号，不要请求派仪仗乐队，用一辆有布幔的车送葬，铭旗和墓志上不要选写最高的官衔。"到了晚上，燃起烛火的时候，令狐楚坐起与家人诀别，不久离世。

最后，皇帝下诏，尊重令狐楚的遗言，为其做了薄葬。

■故事感悟

身为文学家的令狐楚，一生坦荡直率，为人彬彬有礼。连临终时也要早早地将自己的后事交代好，一切从简，可见令狐楚的个性是多么简单、直率，不为世俗所左右。

■史海撷英

令狐楚影响历史

令狐楚、令狐绹父子在唐代政治和文学方面都是具有很大影响的人物。令狐楚是中唐重要的政治人物，与当时许多重大的政治事件有着密切的联系，而且又是著名的骈文家和诗人；令狐绹则是牛党后期的领袖人物。父子俩与当时文坛名家都交游甚密。令狐楚骈文与韩愈的古文、杜甫的诗歌，在当时被公认为三绝。

幼年的李商隐在父亲去世后，陪同母亲回到河南故乡，这里对于他来说是一个完全陌生而且相当艰苦的环境，没有家庭或家族的影响力帮助他，在成长过程中自然进入一个社交圈。李商隐凭借才华、人品和性格建立起了自己的社会关系网络。早在16岁，他就开始与当地的一些知识分子交往，将自己的作品散发给他们阅读，获得了一定的名气——也许就是因此引起了令狐楚的注意。

认识令狐楚是李商隐一生中最重要的事件之一，他后来的生活状态在很大程度上与此有关。令狐楚帮助李商隐进入士大夫的社会阶层，同时也使他卷入了党争的旋涡。

从829年（文宗太和三年）令狐楚聘用李商隐做幕僚，到837年（文宗开成二年）令狐楚去世，他们一直保持着非常亲密的关系。李商隐以谦卑诚恳的态度赢得了令狐楚的信任，有一件事可以表现这种信任的程度：令狐楚在病危之际召唤李商隐来到身边，要求他代为撰写遗表——这并非普通的遗书，而是要上呈给皇帝的政治遗言。令狐楚本人就是这种文体的高手，而他宁愿让李商隐帮助完成自己一生的总结。

四六文

四六文，骈文的通行别称。骈文全篇以双句为主，注重对偶声律，多以四字、六字相间成句，故又称四六文。

四六文常用于表章奏记的撰写。西晋作家陆机《演连珠五十首》，每首都是四六骈句成章的短小韵文，为今存可见的较早的四六骈文短章的滥觞。其后，四六骈句大量运用于南朝骈文。刘勰《文心雕龙·章句》说："若夫句笔无常，而字有条数，四字密而不促，六字格而非缓。或变之以三五，盖应机之权节也。"已以四六骈句为骈文基本句式，但六朝尚无四六文之名。唐人章奏表呈也多用此体。

柳宗元《乞巧文》形容骈文句式中说"骈四俪六，锦心绣口，宫沉羽振，笙簧触手"，便以四六句为骈文主要特点。晚唐李商隐得令狐楚的传授，擅长骈文，章表奏记，自编成《樊南甲集》，称之"樊南四六"。序中说，"四六之名，六博格五，四数六甲之取也"，用古代六博游戏中遇五不行和四方四时，六十甲子计日月时辰，譬喻骈文基本句式为四六句。后又编《樊南乙集》，即称骈文为"四六"。此后，"四六"之称便流行了。到宋代，骈文的四六句格式更为定型，"声律极其精切"（明代徐师曾《文章明辨序说》）。一些评论骈文的专著也往往以"四六"为题，如王铚《四六话》、谢伋《四六谈麈》等。

孙偓处世坦然心

> 孙偓（生卒年不详），字龙光，武邑（今山东省聊城东昌府区沙镇）人。乾宁中宰相，封乐安县侯。第进士，历显官。以户部侍郎迁同中书门下平章事，为凤翔四面行营都统，后又兼礼部尚书等职。封安东郡侯。

孙偓于唐僖宗乾符五年（878年）戊戌科状元及第。本科考官为中书舍人崔澹，试题为《以至仁伐至不仁赋》。孙偓父名景商，任天平军节度使；兄孙储官至兵部侍郎。

孙偓于昭宗乾宁三年（896年）拜相，任户部侍郎同中书门下平章事。后为凤翔四面都统，兼礼部尚书，封乐安县侯。乾宁四年免相，贬为衡州司马，死于任上。

孙偓为人宽厚，常对亲友说："为人只求无亏，不必太苦。以我之长而彰别人之短，以我之清而显别人之浊，万万不可为之。"故被贬衡州仍处之泰然，对用人之嬉笑，亦不以为然。

□ 故事感悟

尽管文章很短，但是从孙偓为人宽厚、处世泰然的态度中，可以看出孙偓是个简简单单、不争名利的人。做人，不一定要勾心斗角，平淡自然才是真。

唐懿宗沉湎游乐

唐懿宗在位期间，对宴会、乐舞和游玩的兴致远远高出国家政事，对上朝的热情明显不如饮酒作乐。懿宗在宫中，每日一小宴，三日一大宴，每个月在宫里总要大摆宴席十几次，奇珍异宝，花样繁多。除了饮酒，就是观看乐工优伶演出。他一天也不能不听音乐，就是外出到四周游幸，也会带上这些人。懿宗宫中供养的乐工有500人之多，只要他高兴，就会对这些人大加赏赐，动不动就是上千贯钱。他在宫中待腻烦了，就随时到长安郊外的行宫别馆。由于他来去不定，行宫负责接待的官员随时都要备好食宿，音乐自然也不能缺少。那些需要陪同出行的亲王，也常常要备好坐骑，以备懿宗随时可能招呼他们外出，搞得大家苦不堪言。

《资治通鉴》中说，懿宗每次出行，宫廷内外的扈从多达十余万人，费用开支之大难以计算，这成为国家财政的一项沉重负担。对于懿宗的"游宴无节"，担任谏官的左拾遗刘蜕提出劝谏，希望皇上能够以国事为重，向天下展示出体恤边将、关怀臣民的姿态，减少娱乐。对此，他根本听不进去。咸通四年（863年）二月，懿宗竟将高祖献陵以下到宣宗贞陵16座帝陵统统拜了一遍。司马光说："拜十六陵，非一日可了。"

靖　陵

靖陵地宫由墓道、甬道、墓室三部分组成，出土文物100余件，主要有石碑、石函、龙凤玉璧、玉佩、哀册玉残片、鎏金铜锁、鎏金宝石铜花等，是我国目前唯一发掘的唐代帝陵。陵园位于陕西乾县城东北约10千米处的丘陵台地上（今铁佛乡南陵村东南约150米处），西距唐高宗与武则天之乾陵4.5千米，东北距肃宗建陵15.5千米。

靖陵积土为冢，陵台为覆斗形，底呈方形，边长40米、高8.6米；顶亦方形，边长8米。陵园方形，边长480米，陵台在陵园里，东西居中，陵台距南神墙264米、距北神墙176米。陵园现存东北、西北和西南角阙址。东北角阙址高3米、底长16.1米、宽8米；西北角阙址高3米、底长5.5米、宽4.5米；西南角阙址已被平掉，现存角阙址残迹长6.7米、宽5.5米。

陵园石刻与唐中期各陵相同，位于陵台南264米的南神门外石狮已残。神道石刻均已残损，现存华表、翼马、石马和石人，东西列间距60米。华表位于乳台阙址北24米，已倒伏，另一华表仅存底座。翼马位于石望柱北26米。石马现存3匹，东面2匹，西面1匹。东列南数第一个在华表北44米，第二个在第一个北105米；西列石马绝大部分残毁和倒伏。

靖陵是西安唐十八陵中年代最晚的一座，也是唐陵中第一座进行考古发掘的帝王陵。由于该陵多次被盗，破坏严重，墓内的壁画已不足原来的三分之一，壁画的艺术水平远不能和盛时的相比。1995年经陕西省文物局批准，由省、县文物部门进行科学发掘。

夏统淡泊名利

贾充（217—282），字公闾。三国曹魏至西晋时期大臣。籍贯平阳郡襄陵（今山西襄汾）人，官至车骑将军、散骑常侍、尚书仆射，更封鲁郡公，追赠太宰。

西晋时期，有一年三月初三这天，京都洛阳城的王公贵戚、才子佳人都到洛河两岸宴饮游春，耀武扬威的太尉贾充也来游玩。贾充忽然发现洛河边一只小船上，坐着一个很古怪的人。那人神情庄重，端坐船上，对周围的花花世界不屑一顾，无动于衷。贾充好奇，便问他的姓名。原来这人叫夏统，会稽永兴人，是个厌恶世俗浊流、洁身自守的隐士。因母亲病重，来京都买药。

贾充问他家乡有没有三月初三游乐的风俗，夏统傲然回答："我们那里，性情平和，节操高尚，不慕荣华，有大禹的遗风。"贾充又问："你家居水乡，会划船吧？"夏统驾船在河面上往返三次，他高超熟练的驾船本领惊呆了两岸的游人。贾充又问："你能唱家乡的歌吗？"夏统唱了三首赞颂大禹、孝女曹娥和义士伍子胥的歌曲，歌声慷慨激昂，动人心弦。

贾充觉得夏统是个人才，便要推荐他做官。不料一提当官，夏统勃然大怒，再也不愿答话。贾充心想：官职、地位、女色，谁见了能不动心？于是，他调来威武的仪仗队，在夏统面前显示荣耀；调来一大群美女，载歌载舞，花枝招展，把夏统团团围住。然而，夏统对眼前的一切，全不理睬。他稳坐船中，冷漠而又严肃。见此情景，贾充等人议论："这个家伙真是木人石心呀？"说罢，无可奈何地离去了。

■故事感悟

夏统虽然身怀技能，但不为官职、地位、女色所动，被世人称为木人石心。可正是这样的表现，才更说明夏统对于名利的淡泊。

■史海撷英

贾充奉事司马炎

265年，司马昭死，司马炎继位为晋王。司马昭临终前，司马炎请问后事，司马昭说："知汝者贾公闾也。"原来，司马昭曾打算传位给二儿子司马攸。贾充当时劝司马昭不宜违礼而废长立少，说："司马炎为人宽仁，又是长子，有人君之德，宜奉社稷。"在贾充及其他大臣的劝阻下，司马炎终于被立为世子。

司马炎继位做了晋王后，由衷感激贾充，任命他为晋国卫将军、仪同三司、给事中，改封临颍侯。受禅即帝位后，又拜他为车骑将军、散骑常侍、尚书仆射，更封鲁郡公，封贾充的母亲柳氏为鲁国太夫人。贾充修订完《晋律》后，代裴秀担任了尚书令，接着又改常侍为侍中。他在因母亲去世而离职行丧期间，晋武帝司马炎还专门派黄门侍郎前去慰问。

泰始七年（271年）七月，晋武帝为了平息西方和北方各部族的武装反抗和侵犯，又听了对贾充非常嫉恨的侍中任恺、中书令庾纯的建议，任命贾充为秦、凉两州都督，镇守关中。贾充知道这项任命任恺、庾纯他们要把自己挤到外地去的打算后，就同心腹侍中兼中书监荀勖和太尉兼太子太傅荀凯一起筹划对策。贾充决定立即将自己的女儿贾南风入配东宫（后来成为晋惠帝司马衷的皇后）。晋武帝要给太子司马衷完婚，就收回原来的成命，让贾充留在朝廷里任原职。

咸宁五年（279年）十一月，晋武帝任命贾充为大都督总指挥，派镇军将军司马、安东将军王浑、建威将军王戎、平南将军胡奋、镇南大将军杜预、龙骧将军王濬、巴东监军唐彬等七路大军，共20多万兵马，同时出击，大举伐吴。贾充不赞成征伐东吴，他上表具陈理由，一是"西有昆夷之患，北有幽并之戎，天下劳扰，年谷不登，兴军致讨，惧非其时"；二是"又臣老迈，非所克堪"。晋武帝阅表后大为不快，下诏说："君不行，吾便自出。"贾充无奈，只好拿了节杖，坐守中军，南屯襄阳，总督各路军队。晋军在先后打下荆州、攻克武昌后，贾充又上表说："吴未可悉定，况春夏之际，江、淮下湿，疾疫必起，宜召诸军，以为后图。"

晋武帝对他的意见置之不理。各路伐吴军队英勇战斗，终于在280年消灭了东吴。贾充在这次伐吴战争中始终采取消极态度，可是，在战争结束后，晋武帝派遣侍中程咸劳军时，还赏赐他帛8匹，给他增邑8000户。

◘文苑拾萃

《晋律》

《晋律》即《泰始律》，是晋武帝司马炎在泰始年间完成并颁布实施的，但早在他的父亲司马昭秉政期间就开始了。当时司马昭命贾充、羊祜、杜预等人参考汉律、魏律开始编纂，到司马炎建立西晋后不久完成。张斐、杜预疏法律、解释与律同效，因此该律又名《张杜律》。《晋律》在中国法律发展史上有着很重要的地位。

　　首先是篇目，从 18 到 20 篇，体例的设置、条文的安排更为合理，用词也更确切。《晋律》将《魏律》的《刑名》篇分成了《刑名》和《法例》，放在首要位置，完善了《魏律》的刑法总则部分。

　　其次，礼律的进一步融合，如设立了"杂抵罪"，成为后来官当的雏形。在礼的原则指导下，礼的内容有的直接写成了法律条文，如正式规定"准五服以制罪"，其中"五服"的服制关系由近到远分别为斩衰、齐衰、大功、小功、缌麻。《晋律》最终成为中国历史上第一部儒家化的法典。

　　最后，《晋律》中的法律概念更加明确，而且第一次正确区别了律和令两个重要法律概念，将律解释为定罪量刑为主的法典，令则是规定国家制度的法典。从此以后，令便成为和律并立的法典。

"扪虱寒士"王猛

王猛（325—375），字景略。北海剧县（今山东昌乐县西）人。十六国时任前秦京兆尹、司徒、录尚书事、丞相等要职，辅助苻坚统一北方。史载前秦"兵强国富，垂及升平，猛之力也"。王猛被当时人称赞为夷吾、子产，"无罪而不刑，无才而不任"。他主张"宰宁国以礼，治乱邦以法"。

在王猛出生的前两年，青州被羯人石勒建立的后赵政权攻破，东晋降卒3万人死于非命。到王猛出生时，后赵已席卷中原，兵锋南向，与东晋夹淮水对峙。继石勒称帝的石虎，是个穷兵黩武、嗜杀成性的暴君，后赵国无宁日，民不聊生。年幼的王猛，随家人颠沛流离，辗转来到魏郡（在今河南北部与河北南部）住下。

王猛家贫如洗，为了糊口，他年纪轻轻便以贩卖畚箕为业。有一回，王猛远到洛阳卖货，碰到一个要出高价买畚箕的人。那人说是身上没带钱，请王猛跟他到家里拿钱。王猛跟着那人走，结果走进深山，被带到一位须发皓然、侍者环立的老翁面前。王猛向老翁揖拜，老翁连忙说："王公，您怎么好拜我呀！"于是，老翁给了王猛10倍于常价的买畚箕钱，并派人送行。王猛出山回头细看，才认出原来是中岳嵩山。这段故事说明，少年王猛虽然身在迷途，却已被独具慧眼的有识之士发现了。那位老翁大概是个留心访察济世奇才而又有先见之明的隐士，就像张良当年遇到的黄石公一类人物。

王猛没有被烽火硝烟吞噬，没有被生活重担压垮。在兵荒马乱中，他观察风云变幻；在凄风苦雨中，他手不释卷，刻苦学习，广泛汲取各种知识，特别是军事科学知识。慢慢地，王猛成长为一个英俊魁伟、雄姿勃勃的青年，为人谨严庄重，深沉刚毅，胸怀大志，气度非凡。他与鸡毛蒜皮的琐细之事绝缘，更不屑于同尘垢秕糠打交道，因而经常遭到那些浅薄浮华子弟的白眼和耻笑。王猛对此悠然自得，我行我素。他曾经出游后赵国都邺城（今河北临漳西南），达官贵人们没有谁瞧得起他，唯独一个"有知人之鉴"的徐统"见而奇之"。徐统在后赵时官至侍中，召请他为功曹（郡守或县令的总务长官，掌人事并得参与政务）。王猛遁而不应，隐居于西岳华山，静候风云之变而后动。

王猛25岁以后数年间，北方的战乱愈演愈烈，政局瞬息万变。东晋穆帝永和五年（349年），暴君石虎总算死了，而他的后代立即展开了凶狠的厮杀，直杀得"横尸相枕，流血成渠"，一岁之中，帝位三易。大将冉闵乘机攻入邺城，屠戮羯人20余万，于穆帝永和六年（350年）灭赵建魏，遂"与羌胡相攻，无月不战"。立国不及二载，便被从东北扑进华北的鲜卑慕容氏前燕政权灭掉。邺城落入燕帝慕容儁之手，而关中等地各族豪强则纷纷割据，北方称王称帝者比比皆是。在这个过程中，氐族首领苻洪崭露头角了。

氐族属于西戎族，原居今甘肃东南端，东汉末年内迁关中地带，与汉人杂居，逐渐"汉化"。苻氏世为氐族酋长，石虎强徙苻洪及其部众10万至邺城以南。冉闵称帝后不久，苻洪自立为王，旋为部将毒死。其子符健遵嘱率众西归，于穆帝永和七年（351年）占领关中，建都长安（今陕西西安市西北），称天王、大单于，国号秦（史称前秦）。次年称帝，势力日强。穆帝永和十年（354年），东晋荆州镇将桓温北伐，击败符健，驻军灞上（今西安市东），关中父老争以牛酒迎劳，男女夹路聚观。

王猛听到这个消息，身穿麻布短衣，径投桓温大营求见。桓温请王猛谈谈对时局的看法，王猛在大庭广众之中，一面扪虱（捉掐虱子），一面纵谈天下大事，滔滔不绝，旁若无人。桓温见此情景，心中暗暗称奇，脱口问道："我奉天子之命，统率10万精兵仗义讨伐逆贼，为百姓除害，而关中豪杰却无人到我这里来效劳，这是什么缘故呢？"王猛直言不讳地回答："您不远千里深入寇境，长安城近在咫尺，而您却不渡过灞水去把它拿下，大家摸不透您的心思，所以不来。"桓温的心思是什么呢？他盘算的是：自己恢复关中，只能得个虚名，而地盘却要落于朝廷；与其消耗实力，失去与朝廷较量的优势，为他人作嫁衣裳，不如留敌自重。王猛暗带机关的话，触及了桓温的心病，他默然久之，无言以对，同时越发认识到面前这位扪虱寒士非同凡响。过了好半天，桓温才抬起头来慢慢说道："江东没有一个人能比得上您的才干！"

桓温原来打算麦熟后就地筹集军粮，不料秦军割尽麦苗，坚壁清野。眼见得军中乏食，士无斗志，他只得退兵。临行前，他赐给王猛华车良马，又授予高级官职都护（掌管边地军政和少数民族事务的长官），请王猛一起南下。王猛心想，在士族盘踞的东晋朝廷里，自己很难有所作为；追随桓温则等于助其篡晋，势必玷污清名。他回到华山向老师请教，老师也表示反对南下。于是，他便继续隐居读书。

□故事感悟

秉性耿直的王猛，从来不为琐事所动，是因为他有自己远大的志向，更说明他性情严谨庄重。但凡性情直率的人，都是一个简单的人，扪虱而谈，更能看出他的放荡不羁、坦然于心的态度。

□史海撷英

王猛整顿吏治

十六国时，前秦朝廷内外有一批氐族显贵，仗势与皇室同族或"有功于本朝"等，身居要职，恣意妄为，无法无天。王猛的矛头首先对准他们。甘露元年（359年），王猛刚由咸阳内史调任侍中、中书令（皆为宰相之职）、兼京兆尹（京都长官），便听说贵族大臣强德酗酒行凶，抢男霸女，但谁也不敢"太岁头上动土"，因为他是皇太后的弟弟。王猛立即收捕强德，等不及奏报，便将他处死。待到苻坚因太后之故派人持赦书飞马赶到时，强德早已"陈尸于市"了！紧接着，王猛又与御史中丞邓羌通力合作，全面彻查害民乱政的公卿大夫，一鼓作气，无所顾忌，弹指之间即将横行不法的权贵20多人铲除干净。"于是，百僚震肃，豪右屏气，路不拾遗"，令行禁止。苻坚感叹道："直到今日我才知道天下是有法的，天子是尊贵的！"王猛又让苻坚下令挑选得力官员巡察四方及戎夷地区，查处地方官长刑罚失当和虐害百姓等劣行，整顿地方各级统治机构。

向长拒官不受

向长（生卒年不详），字子平。河内朝歌人也。两汉交替之际隐士。隐居不仕，性尚中和，好通《老子》《易经》。

西汉末年时，河南穷苦的读书人名向长。他家境贫寒，口粮都不充足，经常断炊，好心的乡亲们经常周济他。

一天，邻居送给向长1斗米，向长只留下2升，其余的又还给了邻居。邻居很奇怪，问他说："向长呀，这米是送给你家的，为何不全收下？"

向长回答说："够吃几天就行了，我觉得一个人还是穷一些好，穷比富好啊！"

邻居不明白他的意思，只好摇头。

向长对《老子》和《易经》这两部书读得很精通，能够成章成节地背诵下来。乡里人以为他一定是学问很大的，就劝他去做官，可向长总是微笑着说："我这个人是做不得官的呀，我是一个山野中的人！"

有一次，王莽的大司马王邑向朝廷推荐向长，他报告王莽说："河南的隐士向长，精通周易，学问不浅，能够为您效力呀！"

"好吧！快派人把他请来吧！"

但是向长婉言拒绝了。乡里人对他的行为很不理解，大伙问他："到朝廷做大官，有权有势，金银满车，你怎么不去呢？你难道是傻子吗？"

向长含笑不语，老半天才吐出一句话："我认为，人的地位显贵倒不如地位低贱的好！"

乡亲们笑他说："你一定是学问太深了，越学越糊涂了……"

"不，不，"向长一本正经地说，"我的学问还不够，到如今我还弄不明白，是死了好呢，还是活着好些……"

从此，乡里人以为他是一个怪人，就没有人再与他来往了。

后来乡里人听说，向长的儿女们都长大、成家立业后，他自己约着几个老朋友，去泰山、衡山、恒山、嵩山、华山旅行，几年之后就没人知道他的下落了。

■故事感悟

向长淡泊名利，不为官爵地位所动，即使高官厚禄也比不得惯过山野来得爽快。这种直来直去的性情，怎一个"简"字了得？

■史海撷英

五均赊贷

新莽实行的经济垄断政策，为"六管"之一。《周礼》有赊贷之法，《乐语》有"五均"之官。王莽托古改制，以为管理物价、负责税收及赊贷。其法于长安东、西两市及洛阳、邯郸、临淄、宛、成都五大城市设均输官，改原来的市令、长为五均司市师，下设交易丞5人，司平衡物价，设钱府丞1人，司税收及赊贷。所谓平衡物价实为贱买贵卖，从中渔利，收税范围遍及各业，凡工商渔采畜牧，以及医巫卜祝等无一豁免。官府赊贷虽取息略轻，但过期不还，罚作罪徒。实行的结果是"奸吏猾民并侵，众庶各不安生"，社会矛盾激化，加速新朝灭亡。

《九章算术》

《九章算术》是中国古代第一部数学专著，是算经十书中最重要的一种。该书内容十分丰富，系统总结了战国、秦、汉时期的数学成就。同时，《九章算术》在数学上还有其独到的成就，不仅最早提到分数问题，也首先记录了盈不足等问题，"方程"章还在世界数学史上首次阐述了负数及其加减运算法则。要注意的是，《九章算术》没有作者，它是一本综合性的历史著作，是当时世界上最先进的应用数学，它的出现标志中国古代数学形成了完整的体系。

钱钟书读书以求真

钱钟书（1910—1998），原名仰先，字哲良，又字默存，号槐聚，曾用笔名中书君。中国现代著名作家、文学研究家。曾为《毛泽东选集》英文版翻译小组成员。晚年就职于中国社会科学院，任副院长。书评家夏志清先生认为小说《围城》是"中国近代文学中最有趣、最用心经营的小说，可能是最伟大的一部"。钱钟书在文学、国故，比较文学、文化批评等领域的成就，推崇者甚至冠以"钱学"。

钱钟书七八岁时便可以阅读家中的藏书，14岁就浏览了大批的通俗文学杂志。

他在考入清华的西洋文学系以后，就更喜欢博览中西图书了。他从英法留学回国后，曾先后任蓝田师范学院、西南联大和清华大学的教授。由于他"只要有书可读，别无营求"，所以人谓"书痴"。

他的著作有《谈艺录》《管锥编》和《围城》等，另外还有散文集、小说集、学术著作等。

《围城》在20世纪40年代出版之后，曾倾倒当时的所有读书人，当时就曾有"交谈不说《围城》记，纵读诗书也枉然"的说法。

钱钟书的成就，同他的追本求源读书法是分不开的。追本求源读书法就是在读书时发现问题后，与多种读物相联系，经过详细的分析、比较、求证之后，求得一个能解决问题的读书方法。

清代袁枚在《随园诗话》里曾批评毛奇龄错评了苏轼的诗句。因为苏轼在诗中说道："春江水暖鸭先知"，所以，毛奇龄评道："定该鸭先知，难道鹅不知道吗？"袁枚非常生气，认为如果要照毛奇龄的看法，那么《诗经》里的"关关雎鸠，在河之洲"也是一个错误了，难道只有雎鸠，没有斑鸠吗？袁枚与毛奇龄的这场笔墨官司，到底谁是谁非，如果是一般人看看也就过去了，但是，钱钟书却不这样看。

钱钟书把《西河诗话》卷五找了出来，想要看看毛奇龄的原话到底是怎么说的。在经过一番查找后，他发现毛奇龄的原意是：苏轼的诗模仿的是唐诗"花间觅路鸟先知"句，但是其模仿得非常拙劣。人寻路时，由于鸟熟悉花间的路，所以鸟比人先知。而水中的动物都可以感到冷暖，苏轼却说只有鸭先知，那就不对了。莫非苏轼的诗句真弄错了？他又找来了苏轼的原诗《惠崇春江晚景》，诗中说道："竹外桃花三两枝，春江水暖鸭先知。"原来苏轼的这首诗是为一幅画题的，由于画面上有桃花、春江、竹子、鸭子，所以苏轼在诗中写道"鸭先知"。看来，苏轼并没有错，而为了将问题弄清楚，钱钟书又找出了张渭的原作《春园家宴》，原作里写道："竹里行厨人不见，花间觅路鸟先知。"人在花园里寻路，不如鸟对路熟悉，这是写实。而苏轼在诗中说鸭先知，是写意，意在赞美春光，这是画面意境的升华，是诗人的独特感受。看来，苏诗的"鸭先知"要比张诗的"鸟先知"更为高明。

最后，钱钟书引用了《湘绮楼日记》中的"上上绝句"这句话来称赞苏诗，并下了一个结论，认为毛奇龄是错误的，"会讲理学的，讲诗往往别具心肠，卑鄙可笑，不懂得东坡苦心"。

在清华时，学生时代的钱钟书就立志要"横扫清华图书"，把清华图书馆130多万册藏书从A字第一号开始通览一遍，有的还要做批注。据说他上课从来不做笔记，还浏览其他书刊，可是一到考试，只要略加复习，便可考出优异成绩。

钱钟书清华读书4年，共修了33门课程，29门必修，4门选修，包括英文、法文、伦理学、西洋通史、古代文学、戏剧、文学批评、莎士比亚、拉丁文、文字学、美术史等，除第一学年体育和军训术科（第二学年以后这两门课获准免修）吃了"当头棒"外，其余绝大部分都是优秀。

虽然钱钟书先生一生孜孜读书，但他不主张做"书呆子"，而是强调追求真正的学问。他说，学问不等于书本上的知识。一个人的能力、成就和他的文化程度没有直接的关系。

可以说，钱钟书先生毕生都在追求真正的学问。他的《管锥编》一书，囊括了古今中外近4000位著名作家上万种著作中的数万条资料，内容涵盖全部的社会、人文科学。对众多学科的知识进行比较、评说，再作出结论。这是一部充满人生感悟和洞察力的书，它谈愚民、谈酷吏、谈冤狱、谈艺文、谈方正圆滑、谈世道人心，是一本纵横捭阖、浩浩荡荡，如大江一样奔腾的皇皇巨著。钱先生的真知卓识源于他综合思考的治学方法，他认为要多读书、多比较、认真思考，从中发现问题。在许多时候则要变换视角，发掘新意，触类旁通，达到"通识"。

20世纪80年代，美国普林斯顿大学曾竭诚邀请钱钟书前往讲学半年，开价16万美金，交通、住宿、餐饮费另行提供，可携夫人同往。两星期授一次课，每次40分钟，半年讲12次课，实际授课时间只相当于一个8小时工作日。像这样的价码，恐怕会让绝大多数人咋舌吧！可钱钟书却拒绝了。他对校方的特使说："你们研究生的论文我都看过了，就这种水平，我给他们讲课，他们听得懂吗？"

英国一家老牌出版社，也不知从什么渠道得知了钱钟书有一部写满了批语的英文大辞典，他们专门派出两个人远渡重洋，叩开钱府的门，出以重金，请求卖给他们。钱钟书说："不卖。"与钱钟书签署了《围城》版权协约的美国好莱坞片商，多次盛邀钱钟书夫妇有时间做客观光、随便吃住，或监督影片制作，他们都摇头婉拒。

■故事感悟

钱钟书孜孜读书，一心为学，讲究真知灼见，即使美国大学开出高价佣金聘请，亦不为所动，却将学问做到底。钱钟书这种崇尚学习、崇尚简单生活的态度，值得我们深思和学习。

■史海撷英

钱钟书的少年生活

因为伯父没有儿子，按照惯例，钱钟书一生下来就过继给了伯父。他刚满周岁"抓周"，抓到一本书，因而取名为钟书。钟书4岁，伯父教他认字。6岁，送入秦氏小学，不到半年，因为一场病，伯父让他待在家不再上学。后来进私塾，伯父又嫌不方便，干脆自己教钟书。上午伯父出去喝茶，给一个铜板让他去买酥饼吃，给两个铜板让他去看小人书。钟书经常跟伯父去伯母娘家，那有一个大庄园，钟书成天贪玩，耽误了些功课；伯母娘家人都抽大烟，总是半夜吃夜餐，生活无规律。一回来，父亲见钟书染上许多坏毛病，大骂，但他总不当着其他孩子的面骂。

钟书11岁，考上东林小学，而伯父不久却去世了。尽管父亲负责他的学杂费，但其他开支无法弥补。没有作业本，他就用伯父曾钉起的旧本子；笔尖断了，他就把竹筷削尖替用。钟书14岁考上桃坞中学，父亲在清华大学任教，对钟书的作文始终不满意，他从此用功读书，阅读了大量的书，渐渐可以代父亲写信、写诗，父亲的脸上终于露出了得意的笑容。

□文苑拾萃

《围城》

　　《围城》一书是钱钟书"锱铢积累"而写成的，小说没有明确的故事线索，只是一些由作者琐碎的见识和经历"拼凑"成的琐碎情节。就一般而言，情节琐碎的书必然要有绝佳的言语表达才能成为一本成功的作品，钱钟书的《围城》果真是把语言运用到了登峰造极的境界。因此，读《围城》不能像读一般小说那样只注重情节而忽视语言了，如果那样的话（忽略其言语），《围城》也就失去了其存在的意义。《围城》里面的精言妙语是这部小说的最成功之处，也是最值得赏析的地方。

　　钱钟书善用比喻。《围城》中的妙喻有两种，一是真实地写景写事物的形象比喻，读来令人舒畅，感觉恰到好处；二是抽象的思维和感觉运用具体的物象来比喻，或者反行之，读来让人觉得新奇、玄妙。

邴吉拒赏

邴吉（？—前55），字少卿，鲁国人。为人深沉忠厚，从不夸耀自己的长处。

邴吉是汉武帝时期的廷尉监。汉武帝末年，长安的郡邸狱关押了一批钦犯，他奉诏前来看管这座监狱的犯人。

邴吉清查犯人，发现其中竟然有一个还在襁褓中嗷嗷待哺的婴儿。这婴儿不是别人，正是汉武帝的亲曾孙刘询。望着这个因饥饿而啼哭的婴儿，邴吉心生怜爱。他立即指定一个忠厚可靠的侍女，专门照顾刘询。

有一次，小刘询生了重病，邴吉及时请大夫进行治疗，才保住了小刘询的性命。刘询从小体质瘦弱，需要多吃些有营养的食物，于是邴吉就常常给那个侍女钱，让她去给刘询买补品吃。

一天，有个术士告诉汉武帝，说他夜观天象，看到长安的郡邸狱中有股天子气。年迈多病的汉武帝本来就常常无端生疑，唯恐他人篡夺了自己的帝位，加上术士这么一说，更是疑上加疑。

汉武帝越想越不安，于是传下圣旨，立即派人去郡邸狱，把关押在那里的犯人，无论罪行轻重，统统杀死。宦官郭穰领旨后星夜赶到郡邸狱，声称奉皇帝的圣旨，前来处决所有的犯人。

按照当时的法律，普通人犯了死罪，都得经过审判之后才能行刑，更别说这个监狱里面还关押着当今圣上的亲曾孙。邴吉坚决不执行圣旨，于是和郭穰争辩起来，两人谁也不肯相让，直到天亮，邴吉也没放郭穰进去。郭穰无计可施，只好无奈地回皇宫复命去了。

汉武帝听了郭穰的报告，觉得邴吉的做法确实有道理。他终于觉悟过来了，不仅没治邴吉的罪，而且还大赦天下。

后来，刘询当了皇帝（即汉宣帝），邴吉却从不提起先前照顾和保护他的往事，朝廷也没有表彰邴吉的功勋。有一次，一个原比邴吉官职低的人在上奏皇帝的奏折中提到了当年邴吉关心照顾当今皇上的往事。邴吉知道后，却把这个情节给删掉了。

有一个当年不好好服侍汉宣帝的人，却在汉宣帝即位后冒充功臣，请求封赏，并说邴吉知道情况。汉宣帝才从当年邴吉的属下那里了解到，邴吉对自己曾有救命之恩。

汉宣帝有些责怪地问邴吉为何不早些告诉他，邴吉只是淡淡地说那些过去的事不值一提。后来，刘询封他为博阳侯，他断然拒绝了。

故事感悟

邴吉从不因功自居，处处为江山社稷着想。对皇帝的救命之恩一字不提，即使封赏，也断然拒绝。可见，邴吉对于名利的淡泊和对于生活琐事的无所谓。这样一个简简单单、没有怨言的人，值得那些浮躁不安、有点功都铭记在心，甚至常常挂在嘴上的人好好反思。

邴吉为车夫解围

邴吉的车夫嗜好饮酒。曾跟着邴吉出行，醉酒呕吐在丞相车上。西曹的负责官员告诉邴吉想要赶走车夫，邴吉说："因酒醉的失误而赶走他，让这人将在何处容身？西曹只管容忍他，这只不过是玷污了丞相车上的垫褥罢了。"因此就没有赶走车夫。

这个车夫是边郡上的人，熟知边塞发生紧急军务的事，曾有一次外出，恰巧遇见边郡发送紧急公文急驰来到。车夫乘机跟随（驿骑）到公车探候求取消息，得知敌人入侵云中、代郡，急速回相府见邴吉报告这情况，话还没说完，（皇上）就下诏召见丞相、御史，把敌人入侵和郡吏的情况拿来问他们，邴吉一一答对。御史大夫仓促间不能知道详情，因而受到责备；而邴吉被认为能为边务与职守忧虑，这是车夫的功劳。邴吉于是感叹说："士没有不能容的，才能各有所长。假使丞相不先听车夫说知此事，还有什么功劳能受到褒奖呢？"掾史因此更认为邴吉贤能。

■文苑拾萃

望思台

（元）吴师道

桐人气迫前星黯，思子宫成翠华晚。
高台有恨碧草新，大野无踪金犊远。
一朝弄兵儿罪轻，百年钟爱天伦深。
戾园魂魄夜寂寂，湖城风雨秋阴阴。
汉宫楼观连天起，方士熏香召仙鬼。
望思望思终不归，茂陵老泪如倾水。

第二篇
不睦奢华求俭朴

崔沔作《陋室铭》励志

提起《陋室铭》，现在都认为是唐代文学家刘禹锡的作品，但有学者根据，《陋室铭》未收入在刘禹锡的作品集中，而《新唐书》中先出现在崔沔"尝作《陋室铭》以见志"，认为崔沔有可能是《陋室铭》的真正作者。

崔沔在武则天当政时中了进士，做过吏部郎；在睿宗李旦当政时做过御史中丞，并一直为官到玄宗李隆基执政之后，官至太子宾客。他曾请求李旦发放太仓之粟和减少苑囿鸟兽的口粮以赈济贫民，他还建议李隆基规范祭祀规模，不要过于奢侈浪费。他纯谨无二言，随时讲求节俭；他不看重钱财，俸禄一领下来，就散给宗族中的困难户；他不治居宅，所作《陋室铭》既是其励志之作，又是他生平活动的真实写照。

■故事感悟

尽管文中对于崔沔的介绍不多，但熟悉《陋室铭》的人都知道"无丝竹之乱耳，无案牍之劳形，斯是陋室，惟吾德馨"。可以看出崔沔是一个不计较得失、崇尚朴素生活的人。

■史海撷英

则天文字的创制与颁行

据《新唐书》和《资治通鉴》等史书记载，则天文字并不是武则天本人亲自发明，而是授意其堂外甥宗秦客所造。

武则天以临朝称制的大唐皇太后身份颁布的《改元载初敕》中说："……朕宜以曌为名……特创制一十二字，率先百辟，上有依于古体，下有改于新文，庶保可久之基，方表还淳之意。……"

从此，武氏的名字武媚娘改为武曌，而为了避讳，把诏书（诏发音同照和曌）改为制书。同时，废帝庐陵王（即唐中宗李显）的长子李重照（照即曌）为了避祖母武曌的名讳，改名李重润。同年正月初八丁亥日（689年12月25日），则天文字正式颁布通行。

而《旧唐书·艺文志》也有类似的记载，说武后（即武则天）著字海百卷，创造了不少新字，所以叫武后新字或则天文字。

新字的颁布和改元等传统做法都是同一个目的，就是彰显一代新人新气象，做足表面文章，在今天看来实际上是一种愚民政策。

■文苑拾萃

《唐会要》

《唐会要》是记述唐代各项典章制度沿革变迁的史书，始称《新编唐会要》，现简称《唐会要》。是我国历史上第一部《会要》专著。100卷，北宋王溥撰。

王溥（922—982），字齐物。并州祁县（今属山西）人。后周宰相，宋初罢相，迁官至太子太师。唐德宗时，苏冕撰成《会要》40卷，记唐初至代宗时典故。宣宗时，崔铉等人撰《续会要》40卷，记德宗至武宗时故事。王溥采择唐宣宗以后故事加以续补，撰成《唐会要》，于宋太祖建隆二年（961年）正月进呈。《唐会要》共分514目，另在不少条目下有杂录，将与该条有关联又不便另立条目的史事列入。书中所记史事有不少为《唐书》和《通典》所无。唐起居注、实录已亡佚，部分内容多靠此书保存。《唐会要》所记，以宣宗前的内容较丰富，宣宗以后因编者无所因循，加以唐末历史资料散佚，故所述较为简略。《唐会要》至清代仅存传抄本，脱误颇多。嘉庆年间才以木活字排印并补入"武英殿聚珍版丛书"。所据旧抄本原缺卷七、八、九、十共四卷，后人以《旧唐书》《册府元龟》《开元礼》诸书中有关资料辑补。原目卷七封禅、卷八郊议，今卷八补辑的也是封禅，与标目不相应。

该书刻本至清初已属罕见，仅常熟钱氏写本，亦非足本。乾隆年间，四库馆搜访遗书，汪启淑所进抄本较钱氏写本，卷九二不残缺，卷九三、九四两卷首尾完具，收入"武英殿聚珍版丛书"，为清代第一个刻本，成为通行本。同治年间，江苏书局翻刻，校勘颇精，改正了其中一些错处，为清代最后一个刻本。商务印书馆出版的"国学丛书"本，即以聚珍本为底本。1955年，中华书局又用商务印书馆纸型重印出版。1991年，上海古籍出版社以江苏书局本为底本，参以聚珍本和上海图书馆藏的四个抄本，校点出版，并附录《玉海》中的《唐会要》佚文36条，按原目编次。

察必皇后尚节俭

> 察必（？—1281），弘吉剌部人。元外戚济宁忠武王按陈（居地今克旗达里诺尔）之女，元世祖忽必烈皇后。察必生性仁明，随事讽谏，多裨时政。世祖在位30年，察必立为皇后，始终勤俭自律，事事用心。

察必是元世祖忽必烈的皇后。这位皇后出自弘吉剌部，是地地道道蒙古大草原哺育的姑娘。她最大的美德，便是继承了草原人民勤劳朴实的优点，勤俭为本，非常懂得过日子。便是她后来当了皇后，这个优点依然完美地保留下来。据传，在她所居住的王宫丹墀前，她曾亲手栽种了一株从成吉思汗故地带回的青草，名为"誓俭草"，以此告诫皇宫子孙不要忘旧，要保持过去节俭淳朴的风尚。

《元史·后妃传》里有这样的记载，说有一次，皇后派人去国库里支取丝帛表里各一匹。忽必烈知道了，便责备皇后说这是军国所需，不是私人库房，你怎么能去支取呢？当然，忽必烈可能只是和皇后开个善意的玩笑罢了。但朴实的察必皇后却当了真，回到后宫，竟亲自率领宫女，展开了轰轰烈烈的"废物回收利用"环保活动，大力提倡"节约型"皇宫新生活运动。她让宫女收集用旧用坏的弓弦，继而煮之炼之，织成绸帛，然后做成衣服，竟然非常坚韧密实。当然，这样的衣服估计可以给前线的军士做轻型"防弹衣"了。察必皇后亲煮弓弦，自织丝帛的壮举，被朝臣传为佳话，为当朝国母大胆的创造性和勤俭持"家"的美德所折服，并被史官认真地记录在皇后的传记中。一百多年后，明太祖的马皇后听说前朝有此逸事，以为贤德，于是效仿察必皇后，在宫中亲自织布纺纱，也被传为美谈。

这样的小事，也被史官详细记录，并有皇上和朝臣的赞扬，进一步激发了察必皇后对废物利用的积极性。于是，她一天到晚在宫里四处奔走，东翻西拣，寻找可回收再用的废弃物。这一日，她来到专为皇宫造酒的宣徽院里，竟在库房里发现许多旧的羊臑皮，弃置无用，被搁置了好多年。察必皇后非常高兴，觉得她又可以大展身手了。于是命人将其搬到后宫，与宫人们洗晒干净，裁剪妥当，然后细细缝合，做成地毯。当然，这察必皇后的"废物利用"壮举还有许多，环保运动也搞得相当成功，使得宫廷里"劝俭有节而无弃物"。后来，还有人专门写诗赞扬皇后的这种俭朴美德。诗曰："深宫纂组夜迟眠，贴地羊皮步欲穿。漫道江南绫绮好，织绸方练旧弓弦。"

除了把宫廷废物回收利用的环保运动搞得有声有色外，察必皇后对服装设计也很有造诣。当时，元朝人戴的胡帽没有前檐。有一次，忽必烈骑马打猎回来，告诉皇后，眼睛总是因太阳照射而睁不开，心灵手巧的皇后想了想，便在忽必烈的帽子上缝了一个檐。后来再一试，果然解决了这问题，忽必烈非常高兴，便下令以后的帽子都照这个样子制作。

还有一次，她发现忽必烈骑马时穿着宽袍大袖的衣服不便骑马射弓，于是就尝试着做了一种新的衣服，用旧衣改制而成，后边比前边长，没有领子和袖子，两边各缀一排襻扣，穿起来舒适方便。皇后还给起了一个漂亮的名字，叫"比甲"。这种衣服便于弓马，而且形制特别，穿上去感觉非常潇洒，因此时人争相仿效，或许这就是现在马甲的由来。这两件小发明都是缘于察必皇后对忽必烈的爱。

至元十八年，察必皇后去世，忽必烈很悲痛，感叹没有人再像皇后一样关心自己了。如果察必皇后再多活几年，说不定还能创造出更多的发明呢。察必皇后的缝衣技术，有时还被忽必烈用作笼络人心的利器。忽必烈对于汉学儒术非常感兴趣，当他还没做皇帝之前，有一次闻听儒士赵璧之名，便把赵璧召至身边重用。为表示对赵璧的尊重，只呼赵璧为"秀才"，而不直呼其名。另外，还让自己的妻子，即未来的察必皇后亲自给赵璧缝制蒙古袍。做好后，忽必烈让赵璧试穿，有不合适的地方，还叫察必一一修改。由此可见，察必皇后不但能够为夫君缝补衣物，也可以缝补天下。

史书上称察必皇后"其性明敏，达于事机，国家初政，左右匡正，后有力焉"，因此也很受忽必烈的宠爱。而察必皇后生性仁明，也爱随事讽谏，多裨时政，对此，忽必烈都非常上心，对于她的建议也往往采纳。

《元史》上记载，由于忽必烈喜爱打猎，可京城从上都开平迁到大都燕京后，游猎一直不便，因此忽必烈让他的禁卫军长官在京城郊区开辟游猎场。下面的人立马抓紧去办，并将圈定的征收土地绘成图给他看。当时察必皇后在场，认为此事不妥，因为只要忽必烈御笔一挥，那片区域内的居民就要被从自己的土地上赶走，流离失所。皇后不忍，但也知道不能强行劝谏，所以她先打发走禁卫军长官，然后扶忽必烈进内室休息。这时，太保刘秉忠有事奏报，察必皇后看时机成熟，便将其拦在外室，又故意提高嗓门对刘秉忠说："陛下要征收京郊的农田为游猎场，像这样的大事，你作为国家重臣，怎么不知道呢？土地在国都没迁来之前，已经分配了。如今，新征收游猎场，土地的主人岂不要迁往他乡，这会引起百姓的怨气，造成混乱。皇上事多，日理万机，像这样的小事想不到也是有的，你们做臣子的应及时提醒。若陷陛下于不仁不义之中，可怎么得了？"刘秉忠会意地笑了笑说："我马上带图亲自察看，然后再作禀报。"察必皇后说："这么做就对了！"察必皇后与刘秉忠的对话，忽必烈听得一清二楚，后来便命令刘秉忠先去视察，然后再做定夺。

察必皇后也经常在不同场合，以不同方式劝谏忽必烈，给他提醒。至元十三年，元朝灭掉南宋，并将幼主恭帝与全太后全都掳到大都，然后忽必烈举行了盛大的庆祝典礼。大家都非常高兴，饮酒作乐，唯有察必皇后闷闷不乐。忽必烈问道："我终于征服了江南，以后不用再打仗了，大家都很高兴，为什么唯独你不快乐呢？"察必皇后意味深长地回答道："从古至今，我从来没有听说过千年帝国，将来我和你的子孙们不要搞到像南宋这步田地就是万幸了。"忽必烈为了讨得皇后欢心，便将从宋宫里抢来的珍宝玩物堆在殿前，请皇后来看，察必匆匆看了一遍就走了。忽必烈叫太监追问她想要什么，察必说："宋朝皇帝积蓄了这么多财宝留给子孙，可子孙没有守住，而归了我们，我怎么忍心拿呢？"说完头也不回地走了。

当时，南宋的全太后在大都，因为水土不服，也不习惯北方风俗，察必皇后善心大发，请求忽必烈放她回江南，忽必烈不肯答应，一直求了三次，忽必烈才说："尔妇人无远虑，若使之南还，或浮言一动，即废其家，非所以爱之也。"然而却要求皇后多做两位的思想工作，多加体恤，使其心安。察必皇后兰心蕙质，一点即透，此后不再提放还之事，而是配合夫君的指示，大搞怀柔政策。后来，全太后母子二人觉得南归无望，便出了家，察必皇后还特此拨了一些免除租税的土地作为二人的生活费。难怪全太后对自己的家国仇人心生感激，这都拜察必皇后的"统战"工作做得好呀。

■故事感悟

这是一位率真的女子，聪明、大气、能干，而且朴实得可爱。虽不如历朝汉族大家闺秀伶牙俐齿，可朴实的语言更有震撼力，她的行动也更令人敬仰。她是一位贤惠的妻子，也是一位称职的皇后。她是一个男人的挚爱，也是一个民族的骄傲。真可谓是简约而不简单！

■史海撷英

元成宗守成

元成宗大德年间（1297—1307）停止对外征讨战争，重视国内政治经济建设，形成了一段太平盛世。

元成宗名铁穆耳，在他即位五年多时，对于六部官员尚未知其人为谁。但他委政于世祖旧臣完泽、不忽木、哈剌哈孙等人，罢征日本、安南之役，内政皆以奉行忽必烈成规为务，国家无事而相对安定，因而他被称为守成之君。在其统治期间，因封赐、佛事、战争的庞大开支，遂使国用匮乏，以致激发了云南行省东部人民起义。在起义被镇压之后，南征800名媳妇之役亦罢。大德七年（1303年），察合台汗国的笃哇及窝阔台汗国的察八儿遣使请息兵，通一家之好。大德八年（1304年），元廷与之约和，并遣使经伊利汗国宣谕和平。此后，除延佑年间曾与察合台兀鲁思发生一次战争之外，西北地区基本上安定无事。

元代南戏

元代南戏是元代南曲戏文的简称。北宋末、南宋初产生于浙江温州。据祝允明《猥谈》、徐渭《南词叙录》载，宋时，南戏又称"温州杂剧""永嘉杂剧""鹘伶声嗽"等。

南戏是中国最早成熟的戏曲形式。它融歌唱、舞蹈、念白、科范于一体，表演一个完整的故事。由于故事情节比较曲折，剧本一般都是长篇，数倍于北曲杂剧。它用南方曲调，韵律、宫调均无严格规定，其唱法富于变化，有独唱、对唱、轮唱、合唱等。乐器以鼓板为主。由于南曲声腔与北曲不同，因而二者风格迥异。王世贞《艺苑卮言》说："大抵北主劲切雄丽，南主清峭柔远，虽本才情，务谐俚俗。"南曲柔媚婉转的特点使南戏更适于演唱情意缠绵、脂粉气较重的故事。

温州南戏形成之后，在东南沿海各地传播。由于各地方音俗唱的不同，又逐渐形成了不同的南曲声腔，如海盐腔、余姚腔、弋阳腔、昆山腔等。元代北曲杂剧鼎盛，当时南戏的情况众说不一，一般认为南戏在元代曾经有一个中衰的过程。不过终元一代，南戏在南方一些地区的民间还是颇为流行的。由于民间戏文备受歧视，元代南戏作品多已失传，也缺乏文字记载。

公孙弘位高不慕奢华

公孙弘（公元前200—前121），字季，一字次卿。汉族。西汉
菑川（郡治在寿光南纪台乡）人。他起身于乡鄙之间，居然为相，
直至今日，人们依然对他推崇备至。尤其他的"非学无以广才，
非志无以成学"的精神，已成为历史长卷中最醒目的一章，永垂
后世。

公孙弘是西汉武帝时的丞相。丞相为百官之首，地位尊崇，俸禄优
厚。然而公孙弘自奉甚俭，以"布被脱粟"称誉当时。

公孙弘是菑川（今山东滕县南）人，出身贫苦。早年当过狱吏，
有罪免归，以牧猪为生。40岁以后，学《春秋》杂说。武帝初年，以
贤良为博士，因使匈奴失旨，称病免归。元光五年（公元前130年），
公孙弘以菑川国推举，又应诏对策。武帝在诏策中询问治道兴废，公
孙弘以为，上古三代之所以臻于至治，是因为君主真"躬率以正面遇
民信"；末世之所以乱亡，是因为"其上不正，遇民不信"。以此明确
指出，治道的兴废，不在于百姓，而在于统治者本人能否以身作则。
当时，应召对策的有百余人，太常奏呈公孙弘为下等；武帝复阅后，

却拔擢为第一，并拜为博士。公孙弘随即又上疏进一步阐述自己的看法：

先世之吏正，故其民笃；今世之吏邪，故其民薄。政弊而不行，令倦而不听，夫使邪吏行弊政，用倦令治薄民，民不可得而化，此治之所以异也。

后来，他当了大官，还经常对汉武帝说："人主病不广大，人臣病不俭节。"

公孙弘言行慎厚，熟悉文法吏事，而且善于附会缘饰儒术，故深得武帝赏识，一岁中官至左内史，不久升任御史大夫，元朔五年（公元前124年）拜相。

公孙弘位居三公，俸禄爵邑的收入很多，但他个人的生活却很节俭，盖的是粗布制作的被子，吃的是比较粗糙的米饭，肉也很少。当时，汲黯等人看不惯公孙弘的为人，就攻击他"布被脱粟"是"诈伪"。武帝问及，公孙弘也不加解释。公孙弘在拜相封侯后，起客馆，招揽贤人，与参谋议，俸禄都用以维持故人宾客的生活，自己家里倒反而毫无积蓄。这一点，比起武帝时期的其他几名丞相来要好得多。平帝元始年间，为修功臣之功而下达的诏书中，对公孙弘做了比较公允的评价：

汉兴以来，股肱在位，身行俭约，轻财重义，未有若公孙弘者也。位在宰相封侯，而为布被脱粟之饭，俸禄以给故人宾客，无有所余，可谓减于制度，而率下笃俗者也，与内富厚而外为诡服以钓虚誉者殊科。

为了"表德章义，率世厉俗"，诏书明令赐公孙弘的子孙爵关内侯，食邑三百户。平帝时，政自王莽出。这通诏书，实际上是出自王莽之手。可惜的是，公孙弘的"布被脱粟"，不论是对武帝还是平帝时的官场风气，似乎都没有起到什么作用。

■故事感悟

公孙弘为人十分宽和。他位高禄重，却节俭律己，不慕奢华，以人为先，所以时时被人称道。

■史海撷英

才能出众的公孙弘

公孙弘的才干不在他人之下，当时，不可能一条理由也没有。在皇权统治年代，他之所以这样做，实因为违皇命与己不利，顺应皇主才是上策。公孙弘矫饰善变，朝廷上下，众所周知。有一次，汲黯实在看不惯他的矫情做作，直言对皇帝说："公孙弘位在三公，俸禄很高，却盖一床布被，这不明摆着在骗人吗？"皇上就以此事问公孙弘，弘说："实有此事，不过每个人做事，都有自己的目的和原则。我记得管仲做齐国之相，有三归之台，奢侈豪华超出了一般国君；齐桓公做霸主，也僭越了礼数。晏婴为齐国之相，一顿饭从不吃两种以上的肉菜，妻妾也不穿丝织品，齐国不也治理得很好吗？我身为三公，而盖布被，实在是有损汉官威仪。汲黯对我的忠告很对，他真是个大忠臣，要是没有汲黯对皇帝的忠诚，陛下您哪能听到这样的真话呢？"经过这件事，皇帝越发认为公孙弘谦恭礼让，对他更为厚待。元朔五年（公元前124年），薛泽免相，皇帝任命公孙弘为丞相，封他为平津（潍城区望留镇）侯。历史上丞相封侯者是从公孙弘开始。

《公羊传》

《公羊传》亦称《春秋公羊传》《公羊春秋》，是专门解释《春秋》的一部典籍。其起讫年代与《春秋》一致，即公元前722年至前481年，其释史十分简略，而着重阐释《春秋》所谓的"微言大义"，用问答的方式解经。

《公羊传》的作者旧题是战国时齐人公羊高，他受学于孔子弟子子夏，后来成为传《春秋》的三大家之一。

《公羊春秋》作为家学，最初只是口耳相传，至公羊高的玄孙公羊寿（汉景帝时人）方与齐人胡毋生（《汉书》作胡母生，复姓胡毋或胡母，名子都，生是"先生"的意思）合作，将《春秋公羊传》定稿"著于竹帛"。所以《公羊传》的作者，班固《汉书·艺文志》笼统地称之为"公羊子"，颜师古说是公羊高，《四库全书总目》则署作汉公羊寿，说法不一。但比较起来把定稿人题为作者更合理一些。

《公羊传》的体裁特点，是经传合并，传文逐句传述《春秋》经文的大义，与《左传》以记载史实为主不同。《公羊传》是今文经学的重要经籍，历代今文经学家时常用它作为议论政治的工具。同时，它还是研究至秦汉间儒家思想的重要资料。

后世注释《公羊传》的书籍主要有东汉何休撰《春秋公羊解诂》、唐朝徐彦作《公羊传疏》、清朝陈立撰《公羊义疏》。

刘敏廉勤惠政

刘敏（生卒年不详），字孟功，号竹深。苏州人。刘以礼之子。洪武（1368—1416）末年，他被任命为德清县令。永乐初年，他被擢升为翰林院的中书舍人（书记，负责立案、起草）。在当时明朝的首都南京，他声名显赫，德高望重。

明朝的刘敏是个孝子。为了养活母亲，他曾经走很远的路去买芦苇，妻子编好席子又由他拿到市场去卖。后来，他当了官，却仍不忘这段艰苦的生活，从不贪财好利或讲究排场。在他做中书省的小官吏时，就有人巴结他，特意送给他一些瓷器，但他一件也不收。

当他做楚相府的录事中书时，正好赶上朝廷将罪官之女罚为女奴要分给文官家用，很多人都知道他孝顺，便纷纷动员他要几个以便侍候老母，但他却说："侍候母亲，是儿女分内的事，何必要用别人？"到中书省长官获罪时，中书省官员多数因为分配女仆而受到处罚，只有刘敏因为没有参与而得免。由于他一向廉勤，所以后来当过工部和刑部的侍郎和徽州（在今安徽省内）同知，所在皆有惠政清声。

刘敏凡事都亲力亲为，在他看来，只有把孝顺父母的事情由自己亲自来做，才是真正的孝顺。这是任何人都替代不了的。另外，不用女仆也表现了他廉政的一面。

胡惟庸案

胡惟庸案，简称"胡案"，指明太祖朱元璋诛杀当时宰相胡惟庸事件，并指随后大肆株连杀戮功臣宿将的事件，此案牵连甚广。胡惟庸被杀，朱元璋罢左右丞相，废中书省，其事由六部分理，另设殿阁大学士供皇帝作为顾问。从此，中国再无宰相一职。

洪武十三年（1380年）正月，丞相胡惟庸称其旧宅井里涌出醴泉，邀请明太祖朱元璋前来观赏。朱元璋欣然前往，走到西华门时，太监云奇紧拉住缰绳，急不能言，拼命指向胡家。朱元璋感觉事态严重，立即返回。登上官城时，发现胡惟庸家上空尘土飞扬，墙道都藏有士兵。太祖大怒，以"枉法诬贤""蠹害政治"等罪名，当天处死胡惟庸、陈宁等。同时借辞穷追其友好，包括开国第一功臣韩国公李善长等大批元勋宿将皆受株连，牵连致死者3万余人，史称胡惟庸案。胡惟庸案与蓝玉案合称胡蓝之狱，诛灭直到洪武二十五年（1392年）方告结束。

洪武十八年（1385年），有人告发李存义与其子李佑曾同胡惟庸谋逆。洪武十九年（1386年），明州卫指挥林贤通倭事发，经审讯得知，是受胡惟庸指使。李善长为了大兴土木，向信国公汤和借用卫卒300名，汤和暗中向朱元璋报告。朱元璋颁敕李善长以"元勋国戚，知逆谋不举，狐疑观望怀两端，大逆不道"，其妻等70余人被杀。陆仲亨的家奴告发陆仲亨与唐胜宗、费聚、赵雄3名侯爵曾串通胡惟庸"共谋不轨"，宋濂的孙子宋慎亦受牵连被杀，宋濂本人贬死四川茅州。朱元璋特地颁布《昭示奸党录》。

□文苑拾萃

《竹深处》

刘敏不仅因为自身品行高洁为世人敬仰，也因他竹园中叫作"竹深处"的茅屋受人瞩目。竹园中的竹子是由他父亲栽种的，而后在刘敏的精心呵护下，竹子数量增加，变得更加茂盛了。在刘敏到南京供职前，苏州的那座院子就已经是学者诗人所熟知的地方，他们拜访刘敏，留下了大量关于竹园的诗歌和评论。许多留下的作品后来被收录到了《竹深处手卷》中，《珊瑚网书录》对这些作品也有记录。

刘敏到南京为官后，经常思念着故乡苏州的竹园，特别是当他随永乐皇帝北巡时，为了减轻对竹深处的思念，他请求与之同行的同僚及友人书写关于竹园的诗文及赞词。王绂也伴随在皇上左右，接受了刘敏的请求，绘制了《竹深处》。所有这些，包括朱孔阳用大楷书写的卷首题字、规整的诗词手迹和王绂的画，加入了那些原来所有的相关作品，一起装帧在一个长长的手卷中，这就是《竹深处手卷》的由来。

现存的《竹深处手卷》是纸面水墨画，尺寸为长43.7厘米、宽24.5厘米。王绂的题字在画的左上角，写道：毗陵王孟端为孟功写竹深处，后面还有"孟端"的印章。在画前面的是朱孔阳题的卷首，在画后面的一连串题字赞词分别是沈度（1357—1434）、胡俨（1361—1443）、朱逢吉、石宇、赵文宗所书。

朱修之位高生活清廉

朱修之（生卒年不详），南朝宋大臣，字恭祖，义阳平氏（今桐柏）人。初任州主簿。随到彦之北伐，被魏军俘虏。北魏太武帝嘉其守节，任为侍中，以宗室女妻之。后修之又逃回南朝。元嘉九年（432年），任黄门侍郎、江夏内史。孝武帝初年，任宁蛮校尉、雍州刺史，历任有政绩。后荆州刺史南郡王义宣反，约其举兵，修之表面上假装同意，暗中却派人告于朝廷。孝武帝嘉之，任修之为荆州刺史，封南昌县侯。修之在任治身清约，凡所赠物品，一无所受。唯以安定边境为己任，征为左户尚书，转领军将军。卒谥贞侯。

朱修之，字恭祖，南朝宋义阳平氏（今湖南安乡县西南）人，以廉直忠正著称。

朱修之初为州主簿，后任司徒从事中郎。元嘉七年（430年），宋文帝命到彦之率兵5万北伐，朱修之随从。到彦之自河南回，留朱修之戍守滑台（今河南滑县东旧滑县），不幸被北魏军队包围。被围数月，粮食吃光了，将士们靠熏鼠为食，维持生命，最后滑台失守，朱修之"遂陷于虏"。拓跋焘非常赞赏朱修之的节操，任命他为侍中，把宗室女嫁给他。但是朱修之日夜筹划着如何南归，最后他泛海回到了京邑。

元嘉九年（432年），朱修之为黄门侍郎，累迁江夏（今湖北武汉市武昌）内史、征西司马。孝武帝初年，他被任命为宁蛮校尉、雍州（今湖北襄樊市）刺史，加都督。朱修之"在政宽简"士民都乐于依附。后来他参加了平定荆州刺史南郡王刘义宣的反叛，以功封南昌县侯。

朱修之"治身清约，凡所赠贶，一无所受。有饷，或受之，而旋与佐吏赌之，终不入己"，一心以安抚群蛮为务。后来朱修之任左民尚书，转领军将军。离任前，他秋毫不犯，计算在州任上燃掉的油和用掉的牛马谷草，用私钱16万偿还。

朱修之的姐姐在乡里过着"饥寒不立"的清苦生活，朱修之却"未尝供赡"，未为她谋取过任何私利。他去探望姐姐，姐姐对他怨恨已久，"欲激之"，就为他准备了一顿菜羹粗饭。可是朱修之却说："此乃贫家好食。"吃饱了才离去。有人觉得朱修之清约得有点缺少人情味，他毫不理会别人的议论，依旧过着清廉的生活。

■故事感悟

朱修之崇尚清约，尽管有点缺少人情味，但对于一个官员来说，节俭便意味着生活的清苦与执政的廉洁。因此，朱修之不管如何都是值得尊敬的。

■史海撷英

元嘉北伐

南北朝时期，元嘉北伐，又称瓜步之战，是南朝宋伐北魏之战。430年，宋文帝率军北伐，结果大败，损失惨重。因宋文帝的年号为元嘉，故这场大规模北伐被称为元嘉北伐。又因为此战中，拓跋焘兵临长江北岸的瓜步山，所以也叫瓜步之战。

■文苑拾萃

寇准与秋风亭

寇准初来包东县时，人们为了推崇他，流传有神话故事。传说寇准驰骋上任时，乘舟楫经过秭归叱溪，激流滩险，舟楫几次跌入漩涡，有翻船的危险。忽然水中有神赶来挽舟而行。寇准问水中是谁，神答道："我黄魔神也，公异日当大用，故来护卫，但裸体不敢出见。"寇准取出锦袱投入江中。黄魔神以锦袱蔽体，出拜而去。

寇准到衙上任之后，首先考虑的是民之苦，如何与黎民百姓朝夕与共，于是他在巴东修缮了秋风亭。同时，一切政务皆为民着想，每期赋役，不出符牒，百姓深感其恩威。因此，人们曾通过一些诗赋和古迹来推崇敬仰他。原来巴东城西临大江有一个横舟渡，古人赋诗说："野水无人渡，孤舟尽日横"，借寓说寇准年轻有为，将来有济世之才能。还有一个寿宁寺，寇准常常到这儿赏游，每当他到时，竟然有白鹿围绕白鹿台鸣叫，说是寇准将来有拜相之兆。日推星移，直到宋真宗时，寇准果然置身当朝宰相，实现了人们的理想和宿愿。他在朝廷，对贪官污吏敢于斗争。但在那皇亲国戚云集的封建朝廷，哪能容纳他那贤德忠良的人呢？后来，他遭到奸臣的陷害，被发配南方，卒于雷州。因寇准无子，葬后朝廷追封他为莱国公。"谥忠愍，今祀名臣。"

秋风亭原来建在离县城的上游20里的旧县，是寇准为巴东县令时而建，亭内有莱公柏，是寇莱公"手植双柏于廷，人比甘棠"。苏轼《过巴东不泊闻有莱公遗迹》时，舒怀凭吊说："莱公昔未过，寂寞在巴东，闻道山中树，犹余手植松。江山养豪俊，林蔽困英雄。""犹余手植松"之句，以柏为松，是传闻之误，因为这种柏在南宋时，早已不存在了。此亭南宋乾道年间尚存在。

顾协为官清介自守

顾协（470—542），字正礼，吴郡吴人。生于宋明帝泰始六年，卒于梁武帝大同八年，年72岁。协幼孤，随母养于外氏。举秀才，沈约览其策，叹曰："江左以来，未有斯作。"临川王闻其名，辟掌书记。普通中，有诏举士，湘东王表荐之。召拜通直散骑侍郎，守鸿胪卿。协清介有志操，初为廷尉正，冬服单薄，寺卿蔡法度谓人曰："我愿解身上襦与顾郎，顾郎难衣食者。"竟不敢以遗之。在省16载，器服饮食，不改其常。协博极群书，于文字及禽兽草木，尤称精详。著有《异姓苑》五卷、《琐语》十卷、文集十卷，传于世。

顾协，字正礼，南朝梁吴郡吴（今江苏苏州）人，以"事亲孝，与友信""有志操"为梁武帝倚重。

顾协自幼丧父，随母养于外祖父家。外从祖右光禄大夫张永曾携内外孙侄到虎丘山游玩，当时顾协才数岁。张永抚摸着顾协，问道："儿欲何戏？"顾协仰头答道："儿正欲枕石漱流。"

张永不禁感叹地说："顾氏兴于此子。"对他寄以厚望。及稍长，顾协好学不倦，"以精力称"。

顾协初为扬州议曹从事，举秀才。尚书令沈约看到他的对策，不禁赞叹道："江左以来，未有斯作。"以后历任通直散骑侍郎、兼中书通事舍人等职。自为近臣后，梁武帝每有述制，都交给顾协观览，"时辈荣之"。

顾协少清介，有志操。为廷尉正时，他所穿冬服单薄，寺卿蔡法度想把自己的短袄解下来送给他穿，却又害怕顾协的清廉方正，竟然不敢开口。他对别人说："我愿解身上襦与顾郎，顾郎难衣食者。"最后还是没敢把短袄送给顾协。为中书通事舍人后，和他同任此职的官员家中都修饰一新，只有他"器服饮食不改于常"。有个门生刚来侍奉顾协时，知道顾协廉洁，"不敢厚饷"，只送给他2000钱。顾协勃然大怒，杖打送钱者20下。从此，侍奉顾协的人都不敢馈赠他钱财了。

顾协死时，"无衾以敛"，为士子嗟叹。梁武帝也感叹不已，"为举哀"。时人称赞他清介自守，"足以追踪古人"。

◻故事感悟

顾协身为国家官员，身无厚衣，冬服单薄，说明顾协是一个廉明清正的好官。对于别人的馈赠，杖其来者而警戒世人。如此朴实简单的顾协，难怪梁武帝为其感叹不已。

◻史海撷英

高义园和御碑亭

在天平山范仲淹故居不远的山麓风景绝胜处，有一处别致的园林，清乾隆皇帝为之题名为"高义园"。为什么以"高义"为名呢？其中也有范仲淹的一段故事。

据说，范仲淹为参知政事时，曾命他的次子尧夫将俸禄五百斛麦子，用船载回苏州老家。船过丹阳，尧夫上岸见父亲的老友石曼卿，得知石曼卿正处在"三丧未葬，二女未适"的愁云惨雾之中，遂将五百斛麦子全部送给石曼卿。石曼卿收下麦子，犹有愁容地说："还不能解决问题啊！"于是，尧夫又将载麦的船一并送给他，后来北上拜见父亲。范仲淹见到尧夫就问："在江南见到故旧了吗？"尧夫如实地讲了石曼卿的境况。范仲淹说："何不将麦子送给他！"尧夫答："送了。"范仲淹说："这就对了，最好连船一并送给他。"尧夫说："一并送了。"范仲淹听了，连声赞赏儿子深得父心的义行。

范仲淹父子这一崇高的行动，被人们传为佳话。不少人吟诗作画加以歌颂。现藏南京博物院的范氏历代家传《麦舟图》就是其中之一。清乾隆皇帝南巡，三次到过天平山，并敕建"高义园"，亲书"高义园"三字，命刻于入山石坊和后殿碑上。在天平山南麓御碑亭中的石碑上，今天仍可看到乾隆皇帝咏范公高义的诗。

■文苑拾萃

乐　府

东晋至陈末的乐曲歌辞，包括民歌和文人作品两类。在现代的研究著作中，南朝乐府一般指这一时期的民歌。

东晋渡江以来，长江流域的经济得到开发，农业、手工业的发展促使商业、交通和城市经济有了相应的发展，作为娱乐的歌舞也随之在贵族官僚和一般平民中空前盛行。歌舞既已成为社会上广泛的需要，新的乐曲和歌辞就不断在民间产生以代替陈旧的雅乐，并为乐府官署所采集和加工。

"清商曲辞"中所收主要为"吴歌曲辞"和"西曲歌"两类。《宋书·乐志》："吴歌杂曲，并出江东。晋、宋以来，稍有增广。"《乐府诗集》引《古今乐录》："西曲出于荆、郢、樊、邓之间，而其声、节、送、和与吴歌亦异。"可见吴声歌曲是长江下游以建业（今南京市）为中心这一地区的民歌，西曲歌则是长江中游和汉水流域的民歌。前者的歌辞比较集中，尤以《子夜歌》《子夜四时歌》《华山畿》《读曲歌》等为多；后者则曲调较多而歌辞不很集中。

《乐府诗集》中收录的各种乐曲，绝大部分都引用载籍作了解题。例如《子夜歌》中引《唐书·乐志》以之为晋代女子名子夜者所造，《华山畿》引《古今乐录》所记宋少帝时客舍女子殉情时歌"华山畿"一曲，逸事传闻颇足，增添情趣，但多难视为信实的史料。

孔奂出仕两朝身居简所

孔奂（514—583），字休文，会稽山阴人。生于梁武帝天监十三年，卒于陈后主至德元年，年70岁（《南史》作年70余。此从《陈书》）。孔奂品学兼优，为人刚正，曾出任晋陵太守，广受好评。

孔奂，字休文。会稽山阴（今浙江绍兴）人。初仕梁朝，后附陈朝，为武帝陈霸先倚重，以"謇谔在公，英飙振俗"享誉当世。

孔奂从小就失去了父亲，由叔父孔虔孙抚养。他自幼好学，善为文，通涉经史百家。沛国刘显常和孔奂一起研讨问题，对他的博学多才非常佩服，握着他的手说：从前蔡邕把自己的藏书送给王粲，我现在应该效仿蔡邕，希望足下也无愧于王氏。于是把自己的藏书送给孔奂。不久孔奂即州举秀才，射策高第。

侯景之乱中，京城沦陷，满朝文武大臣全被拘系。孔奂素以刚正享誉梁朝，有人就把他推荐给叛军统帅侯子鉴。侯子鉴命人脱去孔奂的桎梏，待之以礼，并让他执掌书记。当时，侯景的军卒无不"恣其凶威"，侯子鉴是侯景的心腹，梁朝的文武大臣拜见他时，"莫不卑俯屈折"，只有孔奂傲然自若，不卑躬屈身。有人担心孔奂会因此获罪，就劝说他：

"现在正处乱世，人们都千方百计使自己能幸免于难，獯羯无知，怎能够用礼义来对抗他们呢？"孔奂正色说："吾性命有在，虽未能死，岂可取媚凶丑，以求全乎？"这时叛军"剥掠子女，拘逼士庶"，孔奂千方百计地保护他们的性命，"得全济者甚众"。

归顺陈朝后，孔奂为太子中庶子。永定二年（558年），任晋陵（今江苏常州市）太守。晋陵自宋、齐以来，一直是大郡，虽然历经侵扰，仍不失为富庶地区，前后晋陵太守"多行侵暴"，大肆贪污受贿，搜刮财富，孔奂却"清白自守"。他没有带妻儿一起赴任，只以单船临郡。所得秩俸，他常分给那些孤寡无依的人，被吏民尊称为"神君"。曲阿（今江苏丹阳）富人殷绮见孔奂"居处素俭"，就送给他一袭衣服、一具氈被，孔奂拒绝收下。他诚恳地对殷绮说："太守身居美禄，何为不能办此？但民有未周，不容独享温饱耳。劳卿厚意，幸勿为烦。"殷绮被这番话深深地感动了。

后来，孔奂被征入朝为官。他性刚直，善持理，对朝政"多所纠劾"，为朝廷上下敬惮。

■ 故事感悟

尽管孔奂先后出仕于两个朝代，但其操守始终没有改变，性刚直而善持理。正是由于这种性格，才造就了他一生坚持己见，傲然自若；身居简所，而不收馈赠。可谓"一代廉吏"。

■ 史海撷英

陈文帝以孔奂为遗直

永定元年（557年），陈霸先称帝，建立陈朝，是为南朝的最后一个朝代。陈霸先在位虽只两年，却很能干，史评"江左诸帝最为贤"。陈霸先喜爱侄儿陈蒨胜过自己的儿子们，常称道说"此儿吾宗之英秀也"。永定三年（559年），陈霸先驾崩，陈蒨继位，是为陈文帝。

陈文帝起自艰难，知百姓疾苦。《通鉴》载有他勤于国事的一例。为避免晚上打瞌睡，陈文帝命每晚传送更签（古代夜间报更用的计时竹签）的人，一定要把签扔到石阶上，令其锵然有声，"吾虽眠，亦令惊觉"。陈文帝在位7年，表现也不差。

天康元年（566年），陈文帝病重，国事皆由到仲举、孔奂两人来决断。此时中国版图上也是小三国的形态。北方原有东魏西魏，之后高洋篡东魏建北齐，宇文觉篡西魏建北周。

陈文帝知道儿子陈伯宗懦弱，担心"三方鼎峙"的局面，陈伯宗守不住江山，表示要将皇位传给弟弟安成王陈顼。陈顼扑通跪在地上，一把鼻涕一把泪，推辞不做。文帝又对尚书仆射到仲举、五兵尚书孔奂说：如今局势复杂，需要长者为君，我想把皇位传给弟弟，你们依诏行事。然而孔奂声泪俱下地表态：坚决拥护太子，不同意行废立事，况且安成王足可当周公之任。

将死的陈文帝闻言，很是高兴，称赞孔奂有直道而行的遗风，于是任命孔奂为太子詹事。"太子詹事"在南北朝时期是东宫所有官员的首长。也就是说，陈文帝将保驾太子的重任交给了孔奂。

然而一年之后，陈顼野心勃发，废了侄儿陈伯宗，自立为帝，是为陈宣帝。孔奂对此无动于衷，被宣帝从外任招回朝廷，历任清要之职而终天年。

□ 文苑拾萃

《陈书》

《陈书》，唐代姚思廉所著，是南朝陈的纪传体断代史著作，记载自陈武帝陈霸先即位至陈后主陈叔宝亡国前后33年间的史实。

《陈书》共36卷，其中本纪6卷，列传30卷，无表志。成书于贞观十年（636年）。

陈朝封建政权只存在了33年，在政治、经济、文化方面没有特别的建树。或许与此有关，《陈书》内容也比不上《梁书》那样充实，本纪和列传都过于简略。

《陈书》的史料来源除陈朝的国史和姚氏父子所编旧稿外，还有陈《永定起居注》8卷、《天嘉起居注》23卷、《天康光大起居注》10卷、《太建起居注》56卷、《至德起居注》4卷等历史材料和他人撰写的史书。

韦贯之简朴清廉

韦贯之（760—821），名纯，避宪宗讳以字行。举进士。贞元初登贤良科，授校书郎，永贞时累迁尚书右丞，以本官同中书门下平章事，迁中书侍郎，罢为吏部侍郎，穆宗朝为工部尚书。卒年61岁，赠右仆射，谥曰贞，后更谥曰文。

韦贯之，历仕唐德、顺、宪、穆宗四朝，以忠诚而"严身律下"著称。

韦贯之及进士第后，为校书郎，擢贤良方正异等，补伊阙、渭南尉。河中郑元、泽潞郗士美都以"厚币"征召他，他都"不应"，"居贫，啜豆糜（豆粥）自给"。以后迁长安丞，有人将他推荐给京兆尹李实。李实举起笏板，示其所记说：这是他的姓名，与我同里，早就听说他有才能，我希望能结识他，把他推荐给皇上。推荐韦贯之的人很高兴，回来对他说：你今天去拜访李实，明日就会有人恭贺你升迁。韦贯之答应了，却没有去，他不想依靠巴结同乡而求得高官厚禄。

韦贯之刚正奉公。宪宗时，他为礼部侍郎，取士"抑浮华"，以实为先，使"流竞为息"。他曾从容上奏宪宗说："礼部侍郎重于宰相。"

宪宗愕然说：侍郎是宰相任命的官员，怎么能比宰相还重要呢？韦贯之含笑答道："为陛下挑选宰相的，难道还不重要吗？"宪宗闻言豁然。当时皇甫镈、张宿深为宪宗宠幸，张宿奉命出使淄青，裴度为了讨好他，打算为他"请银绯"，韦贯之坚决反对，说："（张）宿奸佞，吾等纵不能斥，奈何欲假以宠乎？"因此招致张宿等人怨恨。后因张宿构陷，被贬为湖南观察使。

韦贯之为人"沉厚寡言"，与人交往，"终岁无款曲"（一年到头也没什么应酬），从不靠说假话来取悦于人。他身居要位，"严身律下"，以"正议裁物"，深受清正之士的厚爱，可是家里却很穷，因为他"生平未尝馈遗，故家无羡（余）财"。裴均的儿子拿一万缣请韦贯之为他父亲撰写墓志铭，他说："吾宁饿死，岂能为是哉！"韦贯之就是这样在清淡洁素之中度过了一生。

■故事感悟

韦贯之简朴清廉、严身律下，对自己不喜欢的事或人坚决杜绝，虽受到奸佞怨恨诬陷，仍不改自己的作风，说明他简约而不简单，宁愿清正廉洁于一身，也不与同流合污。

■史海撷英

韦贯之为官作风

韦贯之为官敢言，主持正义从不畏缩。在礼部侍郎任内，选举人才重真才实学，抑制浮华之士，严禁奔走请托，阻塞钻营之路，同官场的歪门邪道做不懈的斗争。元和三年（808年），他主持科考，牛僧孺、皇甫湜、李宗闵痛陈时弊无所顾忌，韦贯之认为他们有真才实学，不顾其他考官的责难，将三人列为上等。为此事得罪了朝廷大员，韦贯之被降官贬职。后来，韦贯之重新入朝，刚直之风依然不改。有人提张仲素、段文昌为学士，韦贯之认为他们华而不实、品行不正，就坚决反对。深得宪宗宠信的监察官张宿出使外地，想以华装绣饰抬高身价，韦贯之据理反驳，使其未能得逞。张宿怀恨在心，捏造罪状诬陷韦贯之连朋结党。皇帝听信谗言，将韦贯之降职，外放为湖南观察使。在湖南，他体察民瘼，关心百姓疾苦。当时朝廷下令增税，横征暴敛，民不聊生。韦贯之不怕再次降职，坚决抵制朝廷影响人民生活的加税令。

■ 文苑拾萃

《太平广记》

《太平广记》是宋代人编的一部大书。全书500卷，目录10卷，取材于汉代至宋初的野史小说及释藏、道经等和以小说家为主的杂著，属于类书。宋代李昉、扈蒙、李穆、徐铉、赵邻几、王克贞、宋白、吕文仲等12人奉宋太宗之命编纂。开始于太平兴国二年（977年），次年完成。因成书于宋太平兴国年间，和《太平御览》同时编纂，所以叫作《太平广记》。

《太平广记》引书大约400种，一般在每篇之末都注明了来源，但偶尔有些错误，造成同书异名或异书同名，因而不能根据它做出精确的统计了。现在书前有一个引用书目，共343种，可是与书中实际引出数目并不符合，大概是宋代之后的人补加的。《太平广记》是分类编的，按主题分92大类，下面又分150多小类，例如畜兽部下又分牛、马、骆驼、驴、犬、羊、豕等细目，查起来比较方便。从内容上看，收得最多的是小说，实际上可以说是一部宋代之前的小说总集。其中有不少书现在已经失传了，只能在本书里看到它的遗文。许多唐代和唐代以前的小说，就靠《太平广记》而保存了下来。

全书神怪故事所占比重最大，如神仙55卷，女仙15卷，报应33卷，神25卷，鬼40卷，可见其取材重点所在。书中最值得重视的是杂传记9卷，

《李娃传》《柳氏传》《无双传》《霍小玉传》《莺莺传》等传奇名篇，多数仅见于本书。还有收入器玩类的《古镜记》，收入鬼类的《李章武传》，收入神魂类的《离魂记》，收入龙类的《柳毅传》，收入狐类的《任氏传》，收入昆虫类的《南柯太守传》等，也都是现存最早的本子。

书中神仙加上女仙的故事，共计70卷，又排在全书的开头，可以看出唐五代小说题材的重点所在，也可以看出宋初文化学术的一种倾向。唐代道教和佛教竞争很激烈，道教虽然不占上风，然而由道士和信奉道教的文人编造出来的神仙故事却影响很大，产生了不少优美动人的小说。例如，写方士上天入地寻找杨贵妃的《长恨歌传》就是一篇代表作。唐代小说中的名篇如《柳毅传》《无双传》《虬髯客传》，以及《杜子春》《张老》《裴航》等，也都和道教有关。晚唐五代神仙家的思想更是弥漫一时，杜光庭就是一个神仙传记的大作家，《太平广记》里收了不少他的著作。宋初的小说还保留着这种风气。但是《太平广记》的分类标准并不统一，如讲精怪的《东阳夜怪录》、讲龙女的《灵应传》，都收在杂传记类，按类别就一时不容易找到。从这里可以了解到宋初人把一部分唐代传奇称作"杂传记"，还没有用"传奇"这一名称。

范文素位宰相无私产

范质（911—964），五代后周至北宋初大臣。字文素。大名宗城（今河北威县）范家营人。生于五代后梁乾化元年（911年），历经后梁、后唐、后晋、后汉、后周、北宋六朝，五朝为官，两朝为相。后周初为枢密副使。太祖广顺元年二月，为兵部侍郎。六月，为中书侍郎、同平章事。后周时任宰相9年，先后进位左仆射、门下侍郎、司徒等。周世宗临终时，受顾命辅佐恭帝。恭帝时，封肖国公。陈桥兵变后，率百僚降宋太祖。入宋仍为宰相。乾德二年正月，罢为太子太傅。九月，卒，年53岁。

后唐长兴四年（933年），范质举进士，为忠武军节度推官，迁封丘令。后晋、后汉时，官至翰林学士、户部侍郎，人称有"宰相器"。

后周建立后，范质累迁兵部侍郎、枢密副使、参知枢密院事、左仆射兼门下侍郎、平章事等职，深为太祖郭威倚重。世宗柴荣即位后，范质以"律条烦冗，轻重无据"，官吏得以"因缘为奸"，建议世宗重新制定刑律，是为《刑统》。世宗驾幸扬州时，因事迁怒于近臣窦仪，要将窦仪治罪。范质免冠叩头泣下，劝谏世宗说："臣备位宰相，岂可使人主暴怒，致近臣于死地耶？愿宽仪罪。"使世宗宽赦了窦仪，范质也因此赢得了世宗的信赖。宋禅周，范质以佐命元臣，官至太子太傅，封鲁国公。

范质历仕五代、宋初，始终"廉介自持"，未曾接受过任何人的馈遗，前后所得俸禄赏赐也多分给孤苦无依之人。他闲居家中，"食不异品"，死后家无余财。宋太祖曾对侍臣说："朕闻范质只有居第，不事生产，真宰相器也。"宋太宗也称赞他说："宰辅中能循规矩、慎名器、持廉节，无出质右者。"

■故事感悟

范文素坦然行事，勇于劝谏，赢得世宗的信赖，也为他的仕途带来了春天。生活上他严格自律，不接受任何人的馈赠，俸禄赏赐也都分给孤苦无依的人，可以看出他的简素朴实、遵规遵矩的高风亮节。

■史海撷英

触景生情思唐僧

在西安很容易让人想起玄奘。大雁塔是他提议、主持建造的，兴教寺里有他的墓塔。但是，可说的又何止这些。

玄奘本姓陈，俗称唐僧，河南偃师人，13岁在洛阳出家，年轻的时候就来到西安，当时叫长安。他不是逛京城来的，为的是求法深造。后来，又去了成都、荆州、赵州。游学的结果，使他深感佛学上"圣典隐晦，宗师异说"，想到要去印度求取"真文"。他随着西域商队踏上远行征途，出玉门、经西域、过大漠、越雪山，到了印度的佛教最高学府那烂陀寺，又去了其他地方与僧侣们切磋琢磨，研究经典。行途往返，历尽艰辛，差一点儿丢了性命。经过17年时间，他在贞观十九年，带着取得的梵文经典657卷，回到了长安。

出走时，他只是个默默无闻的普通僧人，归来时却成了名震中外的一代宗师。朝廷派官员僧众出城迎接，唐太宗亲自召见，还赋予他纲纪天下僧徒的权力。但是，玄奘不为尊荣所动，只求到嵩山少林寺去专心译经。太宗执意不肯，把为穆太后修建的弘福寺拨给他做译场，还派宰相房玄龄等人协助编译经卷。弘福寺又叫木塔寺，早已颓败，今天仅存木塔寺这个地名。

贞观二十二年，太子李治（高宗）为追念亡母文德皇后，建了慈恩寺，就是大雁塔的所在地。太宗诏令玄奘来这里任住持，并特意为他建了翻经院。玄奘一行从弘福寺移居慈恩寺时，朝廷举行了盛大的典仪，仪仗队以锦彩轩车1500乘和各色绣旗为前导，后随伞盖300余顶、金银佛像和二百多幅绣画佛像，玄奘坐在车里，京城各寺僧众捧着供香和鲜花，随行诵经，皇宫的侍卫、车队也都出动了。太宗率太子、后妃在安福门城楼上焚香目送，数十万人夹道观看。

玄奘在慈恩寺除了翻译经卷，还在这里写了著名的《大唐西域记》。这部书根据他取经沿途见闻，记述了上百个国家的山川、城邑、人文、习俗、物产等，后来成为世界上研究印度、尼泊尔、巴基斯坦及中亚等地古代历史地理的重要文献。永徽三年（652年），玄奘为了贮藏经卷，依照印度建筑形制建造了大雁塔。塔为五层，高190尺，以夯土为心，甃砖为表，"层层中心皆藏舍利，不啻万颗"。建塔资金用的是后宫里死去宫女的遗产，她们都是些可怜的女子，以她们的"衣物财帛"建塔，含有超度亡魂、祈祷冥福的意思。现在看到的大雁塔是武则天时改建的，原为十层，由于战争破坏，只留下七层，高64米。本来叫慈恩寺塔，大雁塔是后来的称呼。何谓雁塔，其说不一，《天竺记》讲得似乎更合情理，可供参考。天竺就是古印度。那书里说，"达嚫国有迦南佛伽兰（殿），穿山石作塔五层，最下一层作雁形，谓之雁塔"。雁形是指塔基呈横矩形，通体而观，塔身如雁颈向上延伸，塔基如两翼舒展，标以"大"字，是为了与后来建成的小雁塔区别开。

玄奘在慈恩寺住了几年，提出移居他处。一则京师和全国的僧俗，竞来礼谒，接应不暇。二则这座京都名刹，景致佳丽，游人不绝。他需要找个宁静地方。开始，他转到本地的西明寺，拜谒者跟踪而来，他只好远走了。高宗体谅他的苦衷，把陕北宜君山中的一处避暑离宫改为寺院，供他使用。在这个没有繁华尘嚣的幽僻之地，六年时间，他翻译了《大般若经》等20多万言。后来他积劳成疾，感到时间不多了，挣扎着又赶紧翻译《大宝积经》，直到永远再也拿不起笔为止。他一生译经、论75部，1335卷，还把一些中国古籍译成梵文，传入印度，数量之大是惊人的。他对佛经的翻译，十分严谨，被称作"新译"，质量大大超过了前人。而他对待自己事业的献身精神，更是让人感动。无怪乎当时连皇帝都称赞他"将日月而无穷，与乾坤而永大"。

玄奘死后，遗体运回长安，茔墓建在城东的白鹿原。这里地势很高，站在皇宫内的含元殿就能看到。当初高宗听到玄奘逝世的噩耗，罢朝志哀，连连悲叹："朕失国宝矣。"此时，玄奘的墓地在官内举目可见。高宗为了避免感伤，又下诏改为葬凤栖原的东端，先建灵塔，继建寺院，这就是兴教寺。

■ 文苑拾萃

《旧五代史》

《旧五代史》，原名《五代史》，也称《梁唐晋汉周书》，后人为区别于欧阳修的《新五代史》，便习称《旧五代史》。原书已佚，现行本是清乾隆四十年（1775年）时的辑本。

北宋初期开始编写，那时五代时期的各朝"实录"基本没有散失，又有范质的《五代通录》作底本，再加上编书者对史料比较熟悉，因此成书时间很快，经始于宋太祖开宝六年（973年）四月，至次年闰十月甲子日完竣呈上，前后只用了一年半左右时间。成书如此迅速，主要在于宋太祖十分重视，组织的撰修班子规格高、阵容强；同时也因为去古未远，可资参考的史料相当齐备。五代各朝均有实录，范质又在此基础上整理出实录简编——《建隆五代通录》，从而为修史提供了极大便利。

《旧五代史》共150卷，纪61卷，志12卷，传77卷。按五代断代为书，梁书、唐书、晋书、汉书、周书各10余卷至50卷不等。各代的《书》是断代史，《志》则是五代典章制度的通史，《杂传》则记述包括十国在内的各割据政权的情况。这种编写体例使全书以中原王朝的兴亡为主线，以十国的兴亡和周边民族的起伏为副线，叙述条理清晰，较好地展现了这段历史的面貌。对于南方和北汉十国以及周围少数民族政权如契丹、吐蕃等，则以《世袭列传》《僭伪列传》《外国列传》来概括。因此这部书虽名为五代史，实为当时整个五代十国时期各民族的一部断代史。

首辅张玉书生活简朴

张玉书（1642—1711），字素存，号润甫。江苏丹徒（今江苏镇江）人。张九徵次子，长兄为张玉裁。自幼刻苦读书，顺治十八年（1661年）进士，精春秋三传，深邃于史学。历任翰林院编修、国子监司业、侍讲学士。康熙二十三年（1684年）授刑部尚书，调兵部尚书。康熙二十九年拜文华殿大学士兼户部尚书。康熙三十五年（1696年），随皇帝征噶尔丹叛乱。历官凡50年，为太平宰相20年。久任机务，直亮清勤，朝廷倚以为重。康熙十八年（1679年）主持修《明史》，先后出任《平定朔漠方略》《佩文韵府》（1704—1711）、《康熙字典》的总裁官。他数度勘视河工，支持靳辅主持治河工程。康熙四十九年（1710年），告病辞官，仍慰留在朝。康熙五十年（1711年），以70岁高龄随康熙至热河，病死塞外，谥号文贞。玉书工作古文辞，称一代大手笔。著有《文贞集》12卷，《清史列传》行于世。

看过电视剧《康熙大帝》或常翻《康熙字典》的读者，对张玉书这个名字一定不陌生。他是一位生活简朴的高级重臣。葛虚存在《清代名人逸事·风趣类》中说他"古貌清癯，每一朝只食山药两片、清水一杯，亦竟日不饥"这个记述有些神化了，而张玉书的同事王士禛在《分甘馀话》中就说得更现实些。"康熙辛未，余贰京江相国张公素存（玉书）典会试，每五鼓必秉烛起坐，夜则和衣而寝。食时，或切山药极薄，煮熟置盂中，不过五七片；或炒米少许而已。"虽然王士禛的意思是张玉书一顿吃山药"五七片"，而不是一天"两片"，但的确也是够清苦了。事实上，康熙时期官员的薪俸十分可怜。当时有个姓赵的御史上奏说：七品知县每年只有45两俸银，"计每月支俸三两零（即三两多俸银），一家一日，粗食安饱，兼喂马匹，亦得费银五六钱。一月俸不足五六日之费，尚有二十余日将忍饥不食乎？不取之百姓，势必饥寒"。如果再加上雇请"师爷"的费用，一个知县真跟要饭的相去不远。张玉书在康熙年间任文华殿大学士兼户部尚书。因为他后为首辅，故其官阶相当于丞相和总理，其薪金一年也不过180两银子。按赵御史每天需用五六钱的标准，张玉书的工资也只能靠吃山药充饥。

后来康熙帝也觉得这种状况不合情理，但又不好出尔反尔，故对官员的贪渎行为采取了默认的态度。他私下说："若纤毫无所资给，则居官日用及家人婚役，何以为生？"不过张玉书的品德还是经得起考验的。有一次张家的房子被火烧了，需要重新修建但没有钱，康熙皇帝赏赐张玉书千金。他却把这笔钱交给刑部，为各地监狱铺设地板，以免因犯睡在泥土地上得病。雍正帝登基后，采取了"养廉银""恩俸"制度，分别对外任和京官予以补贴，官员的生活得到一定保障，再也没有听说哪个官员只吃青菜和山药了。

□故事感悟

张玉书个性简朴，宁可自己饿着也不取之于百姓。即使家里的房子着火，皇帝赏赐千金，也依然被他消散于刑部，为囚犯铺设地板，防止囚犯得病。这种官员又怎么不让我们爱戴呢？

■文苑拾萃

《清史列传》

清代人物传记书。80卷。不著撰稿人。卷目列宗室王公3卷，大臣划一传档正编22卷，大臣传次编10卷，大臣传续编9卷，大臣划一传档后编12卷，新办大臣传5卷，已纂未进大臣传3卷，忠义传1卷，儒林传4卷，文苑传4卷，循吏传4卷，贰臣传2卷，逆臣传1卷。记录了自清开国功臣费英东、额亦都起，直至清末李鸿章等为止的2894篇传记。其根据大体出自清国史馆《大臣列传稿本》《满汉名臣传》和《国朝耆献类徵初编》。清代的传记书，就目前而言，当以《清史稿》和《清史列传》收录最为齐全。但《清史稿》的多数传记叙事简略，《清史列传》一般要详尽得多，在某些方面还可纠补《清史稿》中的缺失。

周公摄政公而忘私

周公旦(生卒年不详),姬姓,名旦,是周朝历史上第一代周公,又称叔旦、周文公,为周文王第四子,周武王之弟。武王死后,成王年幼,由他摄政当国。其时,管叔、蔡叔和霍叔勾结商纣子武庚和徐、奄等东方夷族反叛,史称三监之乱。他奉命出师,三年后平叛,并将国家势力扩展至东海。他后建成周雒邑,称为"东都"。《尚书大传》称"周公摄政:一年救乱,二年克殷,三年践奄,四年建侯卫行书,五年营成周,六年制礼作乐,七年致政成王"。他是西周初杰出的政治家和野心家,还是一名出色的解梦家和军事家,主要著有《周公解梦》。

周公姬旦是周文王姬昌的儿子、武王姬发的弟弟,因为他"辅翼武王,用事居多"被封在周(今陕西岐山),称周公。

周原是臣服于殷商的一个西方小国,自文王起就开始做灭商的准备。周武王十一年(约公元前1027年),周公等协助武王率周与庸、蜀、羌、髳、微、卢、彭、濮的联军在牧野(今河南淇县)大破商师,逼杀商纣王,宣告了商王朝的灭亡。之后,武王承认了商对周的臣服地位,

"封纣子武庚禄父以续殷祀"，同时派自己的弟弟叔鲜于管、叔度于蔡、叔处于霍，分别以"监"的身份"傅相之""治殷遗民"，在镐京（今陕西西安）正式建立了周王朝。

周王朝的建立，不过是"周革殷命"迈出的第一步。商是立国几百年的大国，东方潜蓄的势力非常强大。周僻居西隅，鞭长莫及。不解决这些问题，周的政权就不会得到根本的巩固。正因为如此，武王克商后，惕怵忧惧，"自夜不寐"。他曾经和周公谋划，将来要把周的政治、经济、军事重心迁到"天下之中"的洛邑（今河南洛阳），以为控制天下的枢纽。他还准备将来传位给周公，让周公担当起承续祖德、发展周人王业的责任。

可惜，武王的这些宏大计划还未付诸施行，就溘然长逝了！

武王逝世，对新生的周王朝是一个极大的震动。第一，"天下未集"，周人能否真正地代商而抚有天下，尚不可知；第二，当时武王的儿子姬诵（即后来的成王）是一个未成年的孩子，由他即位是不能担当大任的。因此，群公怵惧，焦虑万分。武王病重期间，周公曾经虔诚地向他的先祖太王、王季、文王祝告，愿"自以为质""以旦代王发之身"，替武王去死，但鬼神并没有帮他的忙。情况紧急，事关重大，为了稳定新建的政权，存亡继绝，最后，周公毅然"践阼代成王摄行政当国"，担当起了经国大任。这就是史书记载的"周公受命称王"或"周公摄政"。

周公摄政，在当时是一种公而忘私、大智大勇的行动。但是，他这种公而忘私的苦心却引起了同宗兄弟的怀疑和中伤，代表人物就是管叔。管叔认为自己是武王之弟、周公之兄，比周公有优先继承权，由此对周公称王十分不满。他先是勾结蔡叔、霍叔散布流言："公将不利于孺子！"攻击周公要篡位，挑起宗族的矛盾。之后，随着野心的膨胀，他又进一步勾结趁武王逝世而蠢蠢欲动的武庚和东方殷遗，举起了反周的旗帜，妄图以武装叛乱夺取周的最高权力。

管蔡武庚之乱，使新生的周王朝处于风雨飘摇之中，也使周公处于内外交困的境地。在这种困难而复杂的局势面前，为了国家的利益，周公"内弭父兄，外抚诸侯"，披心敷肾地做好宗族内部的团结工作，向他们表明："我之所以弗辟而摄行政者，恐天下畔周，无以告我先王、王季、文王。……武王蚤终，成王少，将以成周，我所以为之若此。"之后，便以极大的毅力亲自率兵东征，以武力讨伐叛乱势力。

在三年的东征中，周公首先诛灭了武庚为首的殷贵族叛乱势力，杀了管叔，流放了蔡叔。接着挥兵东进，诛灭了在今山东、河南、安徽境内的徐、奄、薄姑等，"凡所征熊、盈族十有七国，俘维九邑。……俾康叔宇于殷，俾中旄父宇于东"，"驱飞簾于海隅而戮之，灭国者五十"，从而把周王朝的统治一直伸展到黄河下游和东部沿海地区。

东征之后，为了进一步加强对全国的统治，周公又采取了两项重大的措施：一是"封建亲戚，以藩屏周"，把东方新开辟的土地封给同姓宗族和异性功臣，让他们在那里建立诸侯国，分割管理那里的土地和人民，作为捍卫周王国的屏障；二是遵照武王遗愿，营建东都洛邑，并在此派驻"东八师"，以镇抚东土。

洛邑竣工后，周公感到东方的疆土有了保障，武王嘱托给自己的任务已经完成，即开始做还政成王的准备。周公在摄政七年的十二月（约公元前1018年），召集臣工于新建的洛邑举行还政成王的典礼。在政权交接仪式上，周公宣布下一年是成王的"元祀"（元年）："王肇称殷礼，祀于新邑，……今王即命曰，记功宗，以功作元祀。"之后，在诰诫成王时他几次满怀感慨地对臣工们说："嗣天子王矣！""孺子王矣！"表现出他对新王长成亲政的喜悦和关怀之情。

成王即位后，恳切地挽留周公在洛邑继续帮他执政。周公答应了他的请求，"北面就臣位，躬躬如畏然"，表示以后要"笃先人成烈"，"作用孚先"。以后，周公为周王朝"制礼作乐"，釐定各种制度典章，并不断谆谆教导成王不要荒逸，勉励他励精图治，"明德慎罚"，使成王成为周代有名的贤王之一。

■故事感悟

周公摄政公而忘私，他时刻为了国家社稷着想，向有"周公吐脯，天下为公"之说。

■史海撷英

周公平叛

周公是周武王的同母弟。他在周灭商之战中，"常左翼武王，用事居多"。灭商两年后，武王病死，其子成王年幼，由周公摄政。武王的另外两个弟弟管叔和蔡叔心中不服。他们散布流言蜚语，说周公有野心，有可能谋害成王，篡夺王位。周公闻言，便对太公望和召公说："我所以不顾个人得失而承担摄政重任，是怕天下不稳。如果江山变乱，生民涂炭，我怎么能对得起列祖列宗和武王对我的重托呢？"周公又对将要袭其爵，而到鲁国封地居住的儿子伯禽说："我是文王之子、武王之弟、成王之叔父，论身份地位，在国中是很高的了。但是我时刻注意勤奋俭朴，谦诚待士，唯恐失去天下的贤人。你到鲁国去，千万不要骄狂无忌。"

不久，管叔、蔡叔勾结纣王的儿子武庚，并联合东夷部族反叛周朝。周公奉成王命，率师东征。经三年的艰苦作战，终于讨平了叛乱，征服了东方诸国，收降了大批商朝贵族，同时斩杀了管叔、武庚，放逐了蔡叔，巩固了周朝的统治。

周公平版以后，为了加强对东方的控制，正式建议成王把国都迁到洛邑（今洛阳）。同时把在战争中俘获的大批商朝贵族即"殷顽民"迁居洛邑，派召公奭在洛邑驻兵八师，对他们加强监督。另外，周公封小弟康叔为卫君，令其驻守故商墟，以管理那里的商朝遗民。他告诫年幼的康叔：商朝之所以灭亡，是由于纣王酗于酒，淫于妇，以致朝纲混乱，诸侯举义。他嘱咐说："你到殷墟后，首先要去访那里的贤人长者，向他们讨教商朝前兴后亡的原因；其次务必要爱民。"周公又把上述嘱言，写成《康诰》《酒诰》《梓材》三篇，作为法则送给康叔。康叔到殷墟后，牢记周公的叮嘱，生活俭朴，爱护百姓，使当地吏民安居乐业。

建都洛邑后，周公开始实行封邦建国的方针。他先后建置 71 个封国，把武王 15 个兄弟和 16 个功臣封到封国去做诸侯，以作为捍卫王室的屏藩。另外在封国内普遍推行井田制，将土地统一规划，巩固和加强了周王朝的经济基础。

□文苑拾萃

《尚书》

《尚书》是我国最早的官方史书，是我国第一部上古历史文件和部分追述古代事迹著作的汇编，它保存了商周特别是西周初期的一些重要史料。《尚书》相传由孔子编撰而成，但有些篇是后来儒家补充进去的。西汉初存 28 篇，因用汉代通行的文字隶书抄写，称《今文尚书》。另有相传在汉武帝时从孔子住宅壁中发现的《古文尚书》（现只存篇目和少量佚文）和东晋梅赜所献的伪《古文尚书》（较《今文尚书》多 16 篇）。现在通行的《十三经注疏》本《尚书》，就是《今文尚书》和伪《古文尚书》的和编本。

《左传》等引《尚书》文字，分别称《虞书》《夏书》《商书》《周书》，战国时总称为《书》，汉人改称《尚书》，意即"上古帝王之书"（《论衡·正说篇》）。

《尚书》的真伪、聚散，极其复杂曲折。2009 年清华简中出土了原版《尚书》。

汉人传说先秦时《书》有 100 篇，其中《虞夏书》20 篇，《商书》《周书》各 40 篇，每篇有序，题孔子所编。《史记·孔子世家》也说到孔子修《书》。但近代学者多以为《尚书》编定于战国时期。秦始皇焚书之后，《书》多残缺。今存《书序》，为《史记》所引，约出于战国儒生之手。汉初，《尚书》存 29 篇，为秦博士伏生所传，用汉时隶书抄写，被称为《今文尚书》。西汉前期，相传鲁恭王拆孔子故宅一段墙壁，发现另一部《尚书》，是用先秦六国时字体书写的，所以称《古文尚书》，它比《今文尚书》多 16 篇，孔安国读后献于皇家。因未列于学官，《古文尚书》未能流布。东晋元帝时，梅赜献伪《古文尚书》及孔安国《尚书传》。这部《古文尚书》比《今文尚书》多出 25 篇，又从《今文尚书》中多分出 5 篇，而当时今文本中的《秦誓》篇已佚，所以伪古文与今文合共 58 篇。唐太宗时，孔颖达奉诏撰《尚书正义》，就是用古今文真伪混合的本子。南宋吴棫以后，对其中真伪颇有疑议。明代梅鷟作《尚书考异》，清代阎若璩著《古文尚书疏证》等，才将《古文尚书》和孔安国《尚书传》乃属伪造的性质断实。

第三篇
倡简廉明从政理

汉元帝倡"去奢崇俭"

汉元帝刘奭（公元前75—前33），刘询与嫡妻许平君所生。他出生几个月后，其父即位做了皇帝。两年后，母亲许皇后被霍光妻霍显毒死。霍光死后，地节三年（公元前67年）四月，刘奭被立为太子。黄龙元年（公元前49年）十月，宣帝死后继位，在位16年，病死，谥号为元帝，庙号高宗。

一般认为，汉元帝时期是西汉王朝的历史转折点。西汉王朝自其初年的"文景之治"，至汉武帝时臻于鼎盛。汉武帝晚年虽一度呈现危象，但由于改弦及时，调整得法，至昭、宣时又号称"中兴"，然而，比起汉初的"文景之治"来已不可同日而语，西汉王朝的衰败已见端倪。宣帝的宫室、车服盛于昭帝，外戚许氏、史氏又擅权干政。汉元帝即位后，着力去奢崇俭，仍然无法扭转这种滑落、衰败的大趋势。

汉元帝刘奭是个多才多艺的人，善史书，对于音乐有很深的修养。然而从皇帝的角度来说，却是个平庸之辈。不过平心而论，他对于"去奢崇俭"的倡导和实行却是认真的。为了缓和当时日趋严重的土地兼并问题，他即位伊始，就下诏将三辅、太常和郡国的公田以及可裁省的苑囤租给贫民耕种，家赀不满千钱的还借贷给种子和粮食。不久，疾疫流行，他又让太官减省御膳的品种，裁减乐府人员和苑囿的马匹，以节省开支，赈济生病的百姓。

当时，汉元帝向儒生王吉、贡禹询问治国之道。贡禹告诉他，古时候君主注意节俭，所以家给人足，像汉高祖和文、景两代，宫女不过10余人，厩马百余匹，可是后世争为奢侈，愈演愈烈，臣下也加以仿效，以致引起百姓怨恨。贡禹建议元帝体察古道，去奢崇俭，因为"天生圣人，盖为万民，非独使自娱乐而已也"。元帝听了，觉得很在理，就马上下诏令诸宫馆稀御幸者勿缮治，太仆减谷食马，水衡减肉食兽。初元二年（公元前47年），下诏罢黄门乘舆狗马，将水衡禁囿、宜春下苑、少府做飞外池，严籞池田等假贷给贫民。初元四年、五年，又采纳贡禹的建议，罢甘泉、建章宫卫，罢角抵、上林宫馆稀御幸者以及齐三服官、北假田官。

为了紧缩国家财政开支，减轻百姓的赋役负担，汉元帝对某些重大的内政问题也做了调整。汉武帝灭南越后，曾于其地设置珠厓、儋耳郡。因为不堪地方官吏的欺凌和压迫，两郡的越族百姓不时起兵反抗。元帝即位后，珠厓山南县的民众起兵反抗，汉政府派兵镇压，结果反抗规模越来越大，连年不定。待诏贾捐之建议放弃珠厓，元帝以此询问丞相、御史。丞相于定国以为，前日兴兵击之连年，结果士卒和转输军需的民众死者有1万多人，费用支出3万万余，仍未能奏效。现在关东民众困乏，民难摇动，贾捐之的意见是对的。元帝以为善，并于初元三年颁布诏令，其中说道：

夫万民之饥饿，与远蛮之不讨，危孰大焉？且宗庙之祭，凶年不备，况乎辟不嫌之辱哉！今关东大困，仓库空虚，无以相赡，又以动兵，非特劳民，凶年随之。其罢珠厓郡。民有慕义欲内属，便处之；不欲，勿强。

应该说，元帝这样做是对的。比起那种穷兵黩武的皇帝来，元帝算是体恤民情的。然而他的"去奢崇俭"并没有收到预期的效果，更没有挽回西汉王朝的衰败之势，这是为什么呢？《资治通鉴》的作者司马光在评论贡禹的上述奏议时，曾经这样说："孝元践位之初，虚心以问禹，禹宜先其所急，后其所缓。然则优游不断，谗佞用权，当时之大患也，而禹不以为言；恭谨节俭，孝元之素志也，而禹孜孜言之；何哉！使禹之智不足以知。乌得为贤！知而不言，为罪愈大矣。"

▣故事感悟

司马光的批评是有道理的。君主的"去奢从俭"不仅仅是君主个人的品质和修养，而是一种政治行为。既然如此，它就需要一定的社会、政治环境与之相配合。元帝即位后，他的问题不在于奢侈不俭节，而在于优游不断，忠佞不分。贡禹分不清事情的轻重缓急，所提出的"去奢崇俭"的种种建议也成了书生的迂腐之见。元帝顾此失彼，结果适得其反。

▣史海撷英

汉匈冲突的休止符

汉宣帝时期，随着汉朝国力的增强，匈奴力量一再削弱，汉匈关系发生了历史性的变化。宣帝神爵二年（公元前60年）以后，匈奴统治集团内部出现权力之争，初有"五单于争立"，互相不容，屠戮兼并，最后形成呼韩邪单于与郅支单于的对立。在汉元帝期间，在汉匈关系上出现了两件大事，一件是陈汤平灭郅支，一件是昭君出塞。

汉元帝刚即位的时候，匈奴郅支单于自以为与汉朝距离遥远，加之怨恨汉朝支持他的仇敌呼韩邪单于，就有与汉绝交之意。并且与康居王勾结起来，在都赖水（今恒逻斯河）畔兴建了一座郅支城（今江布尔），作为自己进一步扩张势力的基地。郅支将势力向汉西域发展，直接威胁汉朝在西域的统治。建昭三年（公元前36年），新一任西域太守对匈奴发动攻击，获得大胜。至此，汉朝最后消灭了虎视西域的敌对势力。以后近40年，西域维持着和平状态，中西交通也畅通无阻。陈汤为官虽有不少劣迹，但他矫诏兴兵、平灭郅支的功绩还是应当肯定的。

　　郅支被杀之后，呼韩邪单于既为消灭政敌而高兴，又畏惧汉朝的威力。竟宁元年（公元前33年）正月，呼韩邪单于第三次入长安朝汉，并表示愿娶汉女为阏氏。元帝也愿意用婚姻的形式巩固汉、匈之间的友好关系，就以宫女王嫱配他为妻。

　　王嫱，字昭君，西晋时因避司马昭讳，改称明君，南郡秭归（今属湖北）人。昭君虽然仪容雅丽，举止端庄，但因未受皇帝封诰，所以在后宫的地位极其卑微，不受重视。如同当时绝大多数宫女一样，昭君"入宫数岁，不得见御，积悲怨"。但当历史提供机会时，她主动请行，自愿远嫁匈奴。在临行前举行的欢送仪式上，元帝见昭君丰容靓妆，光彩照人，顾影徘徊，竦动左右，不禁大为悔恨，很想把她留下，但又不便失信，只得让她随呼韩邪出塞而去。

　　昭君这位胆识不凡的汉家宫女，为促进汉匈民族团结，自愿出塞履行政治联姻，成为名垂青史的杰出妇女。汉元帝认为这次政治联姻可使"边陲长无兵革之事"，特意把年号改为"竟宁"，意即边境安宁之意。呼韩邪单于封王昭君为"宁胡阏氏"，"宁胡"意即"匈奴得到昭君，国家就安宁了"。从此，汉匈长期战争状态宣告结束，双方一直保持着友好的关系。长达150年的汉匈冲突，犹如一曲雄壮的交响乐，而昭君出塞则好似一个完美的"休止符"。

昭君怨

苏　轼

谁作桓伊三弄，惊破绿窗幽梦？
新月与愁烟，满江天。
欲去又还不去，明日落花飞絮。
飞絮送行舟，水东流。

"官场不倒翁"冯道

冯道（882—954），中国大规模官刻儒家经籍的创始人。字可道，自号"长乐老"。五代瀛州景城（今河北沧州西北）人。后唐、后晋时任宰相。契丹灭后晋，到契丹任太傅。后汉时任太师。后周时任太师、中书令。曾著《长乐老自叙》。

在五代时期，有自称"长乐老"的人，从后唐明宗李嗣源称帝开始出仕宰相，前后20多年共仕后唐、后晋、契丹（即辽）、后汉、后周五朝，八姓，十一帝，"累朝不离将相、三公、三师之位"。在五代风云瞬息万变、帝王易位如走马之时，此公却始终官运亨通，富贵长乐，成为官场上的一个不倒翁。他就是冯道。

唐朝末年，冯道出生于瀛洲（今河北省河间市）一个小康人家"为农为儒"的家风，使他自幼养成了"好学善属文，不耻恶衣食"的良好习惯。成年之后，他凭着自己的才学和本事，投奔到河东监军史张承业麾下谋职。张氏虽为一介武夫，却很器重冯道的"文章履行"，遂将他留在身边，委以使府"东院巡官"。张承业则是前河东节度使、晋王李克用的"托孤之臣"，此时正在辅佐继承父志的李存勖谋求帝业，到处网罗人才。他见冯道前程有望，便竭力向李存勖推荐，使冯道进入晋王府当上了掌书记。李存勖灭掉后梁创建后唐称帝，是为庄宗，冯道又被拜户部侍郎，充翰林学士。李存勖死，明宗李嗣源即位，急于同"文学之士"共事，便拜冯道为端明殿学士。不久，迁中书侍郎、刑部尚书平章事，使冯道从此开始了宰相生涯。

冯道当上高官之初，也曾做过一些好事。譬如，庄宗李存勖兴兵与后梁末帝朱友贞逐鹿时期，双方艰苦鏖战，隔着黄河拉锯对峙，史称"夹河之战"。在这段征战的艰苦岁月中，冯道刻苦俭约，与士卒同甘共苦，在驻地栖身茅舍，不设床席，只铺柴草。所得俸禄，全部用来与童仆同器饮食。遇有部将向他赠送在兵荒马乱中掠来的民间美女，他就暂时安置住处，然后派人寻访他们的亲人下落，逐个遣送还家。

又如，冯道出任宰相的初期，比较注重用人唯贤，不问门第，"凡孤寒士子，抱才业、素知识者，皆引用"。这些措施，当时曾遭到衣冠子弟攻击。传说，有一日冯道下朝归来，听说工部侍郎任赞在背后对他进行讽刺，说什么"宰相如果快走，肯定会从腰间掉出一本《兔园策》来"。任赞心目中的《兔园策》，是一部乡校俚儒教习田夫牧子之书，达官贵人是不屑一顾的。他讲此话的目的，是在讽刺冯道出身寒微，用人低贱。冯道因此召见任赞，对他反唇相讥："你可知《兔园策》都是名儒所集，文章言之有物，脍炙人口，我经常背诵。遗憾的是，如今朝中士多热心于文场秀句，以此为业，沽名钓誉，窃取公卿，此辈小儿该是何其浅薄耶！"任赞听罢，自感惭愧。

再如，明宗天成、长兴年间，冯道见连年风调雨顺，国泰民安，便提醒皇帝居安思危，他语重心长地对李嗣源说："臣当年为河东节度使府掌书记时，曾奉命出使中山地区，途经井陉一带险路，生怕马失前蹄，格外用心操持衔辔，结果反而平安无事。等到进入平川行路，臣却掉以轻心，不想竟从马背上跌了下来，险些送命。臣说的虽是小事，但却能以小见大。如今天下清晏丰熟，陛下万不可因此高枕无忧，未雨绸缪，励精图治，才是臣等的厚望啊！"明宗听后，深以为然。

另有一次，明宗问冯道："天下大比，百姓生活如何？"冯道回答："贵饿农，贱伤农，此乃常理。臣记得近世举子聂夷中《伤田家》诗云：'二月卖新丝，五月粜新谷，医得眼前疮，剖却心头肉。我愿君王心，不照绮罗延，偏照逃亡屋。'这也正是臣的心愿。"明宗接着说："此诗说得好。"遂侍臣录以备诵。

■故事感悟

历史上对于冯道的评价褒贬不一，但从百姓的角度看，冯道所做的事情可谓是完完全全为百姓着想。虽历经五朝，但正是由于他的存在才将百姓的损失降到了最低，这充分说明了他简简单单一心为民做事的想法。

■史海撷英

冯道为官

冯道担任宰相后，"凡孤寒士子、抱才业、素知识者"，即贫穷的、无背景的读书人和有真才实学、有事业心的人，都得到提拔重用，而唐末的世家显贵、品行不正、办事浮躁的人必定被抑制或冷遇。无论如何，这是值得称道的措施。

明宗年间，冯道还与李愚等委派官员，将原来刻在石上的儒家经典用雕版印刷。这是见于记载的首次以雕版印刷《九经》，是中国印刷史和文化史上的一件大事。此事竟然发生在战乱不绝的五代时期，与冯道个人的作用是分不开的。

后唐明宗死后，宋王李从厚即位，是为闵帝。明宗义子、潞王李从珂不服，迅即自凤翔起兵东进谋取帝位，闵帝闻风出逃。身为宰相的冯道，于此危难之际，不仅不设法为闵帝救驾，反而看风使舵，权衡利害，投靠新主，招集百官布置"上书劝进"和"班迎"李从珂登基。李从珂攻占京师洛阳之后，做了后唐末代皇帝，冯道因奉迎劝进有功，先是外放充任同州节度使，后又擢为司空。

两年以后，明宗女婿、河东节度使石敬瑭又与李从珂反目成仇。石敬瑭为了夺取帝位，派部将桑维翰去契丹向太宗耶律德光求援，以自称儿臣、割让燕云十六州等屈辱许诺，借外力灭掉后唐，建立后晋，做了遗臭万年的"儿皇帝"。石敬瑭称帝后，将都城从洛阳移到汴梁（今河南开封），仍以冯道为相，并派他出使契丹，作为"儿皇帝"的宰相和册礼使，去向"父皇帝"耶律德光贡献尊号。这自然是个极为难堪的差事，石敬瑭恐怕冯道推托，便好言相劝："卿官崇德厚，不宜跋涉沙漠，然而此行事关重要，又非卿莫属。"不想冯道竟面无难色，欣然应允："陛下受北朝恩，臣受陛下恩，岂有不去之理？"甚至他都未向妻儿告别，就匆忙上路北去。

石敬瑭为了取悦于契丹，认为只有冯道才能充当使者，冯道心甘情愿前往。据《旧五代史》所引《谈苑》，契丹主曾派人劝冯道留下，他回答："南朝为子，北朝为父，两朝皆为臣，岂有分别哉！"他把契丹的赏赐全部卖掉，得来的钱都用来买柴炭，对人说："北方严寒，老年人受不了，只能备着。"似乎做了在北方长住的打算。契丹主同意他返回时，他又三次上表要求留下，被拒绝后还拖了一个多月才上路，路上边行边歇，两个月才出契丹境。左右不理解，问他："别人能够活着回去，恨不得长上翅膀，你为什么要慢慢走？"冯道说："你走得再快，对方的快马一个晚上就追上了，逃得了吗？慢慢走倒可以让他们不了解我的真意。"可见他表面上的恭顺只是一种韬晦的手段。

石敬瑭死后，无子即位，冯道又与侍卫亲军事都指挥使景延广等受顾命，拥其侄石重贵为帝，是为后晋出帝。耶律德光趁后晋新帝登基、政局未稳之时，率兵大举南下直捣汴梁，灭掉后晋，穿起汉服，直接做了中原王朝的皇帝，并改称辽朝。冯道不敢怠慢，主动前来拜谒。耶律德光发问："何以来朝？"冯道回答："无兵无城，安敢不来？"耶律德光又问："尔是何等老头子（老汉）？"冯道厚颜无耻地回答："无才无德，痴顽老子。"耶律德光再问："天下百姓遭难，如何才能得救？"冯道阿谀奉承说："此时此刻，即使如来佛出世，也难普度众生，只有陛下方能解民倒悬。"耶律德光听了冯道自贱的问答和对他的恭维心中大喜，随后便用其为太傅。

耶律德光入主汴梁，统治没有多久，便痛感内外交困，四面楚歌，不得不率部北归。当年后晋的军国重臣、河东节度使刘知远乘隙在晋阳（今山西太原）称帝，以汉为国号，史称后汉，不久又到汴梁定都。刘知远称帝后为了笼络后晋朝，遂用冯道为太师。

契丹北撤时，他与晋室大臣被随迁至常山，见有被掠的中原士女，就出钱赎出，寄居在尼姑庵中，以后为她们寻找家人领回。耶律德光死后，汉兵起来反抗契丹军队，驱逐了辽将麻答，冯道等到战地慰劳士卒，军心大振。失地收复后，冯道又选择将帅，使军民安定。

后汉末年，朝内倾轧，互相杀戮，隐帝刘承佑死于乱兵。镇守邺都（今河北大名县东北）的枢密使兼天雄军节度使郭威，挥师进入汴梁收拾残局。外镇军将报称辽兵南犯，郭威率军北上迎战。军至澶州（今河南濮阳），将士哗变，把撕裂的军中黄旗披在郭威身上，山呼万岁，拥戴他为皇帝，改国号为周，是为后周。随后返回汴梁，接受百官藩拜谒，正式登基。冯道又因带头上表劝进有功，位居宰相。

宋仁宗施仁政不事奢华

宋仁宗（1010—1063），中国北宋第四代皇帝。初名受益，宋真宗的第六子，生于大中祥符三年（1010年），1018年立为皇太子，赐名赵祯。1023年即帝位，时年13岁。1063年驾崩于汴梁皇宫，享年53岁。在位41年。在位时候宋朝面临官僚膨胀的局面，冗官冗兵特多，而对外战争却又屡战屡败，虽然西夏已向宋称臣，但边患危机始终未除。后来虽一度推行"庆历新政"，但未克全功。

所谓"仁政"，一直是中国传统政治的最高理想，但北宋仁宗皇帝赵祯之前，中国没有一个帝王敢以"仁"自称或被冠之以"仁"。

赵祯晏驾后，庙号"仁宗"，说明他是个仁慈的君王。

人说，"仁宗虽百事不会，却会做官家（皇帝）"。身为皇帝，会做皇帝，这应是一种难得的境界。

宋仁宗是宋代帝王中的明君圣主，在位时间最长，达41年，其间国家太平，边境安定，经济繁荣，科学文化发达，人民生活安定。仁宗当政期间，政府正式发行了世界上最早的纸币——"官交子"（相对于"私交子"而言）。当仁宗死亡的消息传出后，"京师罢市巷哭，数日不绝，虽乞丐与小儿，皆焚纸钱哭于大内之前"；当他的死讯传到洛阳时，市民们也自动停市哀悼，焚烧纸钱的烟雾飘满了洛阳城的上空，以致"天日无光"。他的死甚至影响到了偏远的山区，当时有一位官员前往四川出差，路经剑阁，看见山沟里的妇女们也头戴纸糊的孝帽哀悼皇帝的驾崩。

当讣告送达辽国时，辽国的皇帝也十分难过，将仁宗送给他的御衣"葬为衣冠冢"，岁岁祭奠。

仁宗性情宽厚，不事奢华，还颇能约束自己，因此受到古代历史学家、政治家的称赞。史载，有一天，他处理事务直到深夜，又累又饿，很想吃碗羊肉热汤，但他忍着饥饿没有说出来。第二天皇后知道了此事，就劝他："陛下日夜操劳，千万要保重身体，想吃羊肉汤，随时吩咐御厨就好了，怎能忍饥使陛下龙体受亏呢？"仁宗对皇后说："宫中一时随便索取，会让外面看成惯例。我昨夜如果吃了羊肉汤，厨下以后就会夜夜宰杀，一年下来，就要数百只。若形成定例，日后宰杀之数更不堪算计。为我一碗饮食，创此恶例，且又伤生害物，于心实在不忍。因此我甘愿忍一时之饥。"

仁宗的善于纳谏还成全了千古流芳的包拯。包青天实在是政治清明的产物而非其他，如果皇帝不清明，哪会有包青天产生的政治环境？在担任监察御史和谏官期间，包拯屡屡犯颜直谏，唾沫星子都飞溅到仁宗的脸上，但仁宗一面用衣袖擦脸，一面还是接受了他的建议。有一次，包拯在朝堂上要拿掉三司使（国家计委主任兼财政部长）张尧佐的职务，理由是他平庸了些。张尧佐是仁宗的宠妃张氏的伯父。包拯把奏章递上去了，仁宗也有点为难。最后他想了个变通的办法，就是让张尧佐去当节度使。没想到包拯还是不愿意，且谏诤更加激烈。

仁宗有些生气地说："岂欲论张尧佐乎？节度使是粗官，何用争？"

包拯的回答更加不客气："节度使，太祖、太宗皆曾为之，恐非粗官！"

不管是遭到反唇相讥，还是被喷上一脸唾沫星子，仁宗都很清醒、很民主。他不认为这样会龙威尽失，能接受的，他就接受；一时不能接受的，他就不理不睬。但他对提意见者绝不打击报复，有时甚至会安抚有加。

□故事感悟

宋仁宗性情宽厚，不事奢华。在他执政时期，能够知人善任，善于纳谏忠言，并严格要求自己去努力做一个好皇帝。

□史海撷英

宋仁宗废后风波

宋仁宗（即传奇中用狸猫换来的太子）到了大婚的年龄，皇太后刘娥特意挑选了几个有身份的女子进宫。宋仁宗一眼看上骁骑卫上将军张美的曾孙女张氏，想立张氏为皇后。但刘娥认为张氏不如平卢军节度使郭崇孙女郭氏，宋仁宗只好按刘娥的意志立郭氏为皇后。刘娥去世后，郭皇后失去了靠山，不但不懂得谦让与宽容，还处处与后宫嫔妃争风吃醋，从而引出了宋朝立国以来第一起废后风波。

当时，后宫还有两个美人尚氏和杨氏都极为得宠。尚美人的父亲因女儿得宠而封官加爵，恩宠无遇，一时倾动京城。郭皇后对此大为不满。尚美人知道宋仁宗不喜欢郭皇后，便经常向宋仁宗诉说郭皇后的不是。有一天，尚美人在宋仁宗的面前讥讽郭皇后，刚好被郭皇后听见。郭后不胜愤怒，上前要打尚美人耳光。宋仁宗见势不妙，急忙过来劝架。郭皇后已经举手扇出，这一巴掌出尽全力，收势不住，刚好打在了宋仁宗的颈部。

郭皇后指尖锐利，在宋仁宗颈上划出了两道血痕。宋仁宗只觉得脖子火辣辣地疼，顿时龙颜大怒。但他性格文弱，虽然生气，却没有发作，只是带着尚美人走了。

　　在这之前，宋仁宗为了摆脱刘太后执政的影子，罢免了曾经依附太后刘娥的大臣，唯独没有罢免宰相吕夷简。刚好有一天宋仁宗在后宫与郭皇后谈论此事，还特意提到吕夷简忠诚可嘉。宋仁宗之所以格外赞赏吕夷简，是因为此人曾经力主将宋仁宗生母李氏以皇后之礼下葬。郭皇后却认为，吕夷简其实也是阿谀奉承刘太后之辈，不过为人机巧，善能应对而已。宋仁宗略一思忖，认为郭皇后的话有道理，于是将吕夷简也罢相。宦官阎文应与吕夷简交好，告诉吕夷简是因为郭皇后随口一句话导致他被罢相。吕夷简得知后，愤恨异常。

　　几个月后，谏官刘涣上疏陈时事，特意提到当时他力请刘太后还政给宋仁宗，结果触怒了刘太后，几乎被杀，幸得吕夷简相救。宋仁宗又觉得吕夷简是忠臣，于是将其重新召回为相。虽然官复原职，但吕夷简一直对郭皇后怀恨在心，刚好郭皇后误打宋仁宗一事给了吕夷简报复的机会。

　　宋仁宗被打后，尚美人不断煽风点火，宋仁宗越想越是恼火。宦官阎文应趁机说："在寻常百姓家，妻子尚不能欺凌丈夫。陛下贵为天子，竟然受皇后的欺凌，这怎么得了？"宋仁宗沉默不言。阎文应又指着宋仁宗脖子上的伤说："陛下颈上血痕宛然，请指示执政，应该若何处置？"宋仁宗受到煽动，忍不住激动起来，愤然派阎文应去召宰相吕夷简前来。

　　吕夷简到来后，立即大谈郭皇后失礼，不足母仪天下。宋仁宗虽然愤恨皇后，但一听宰相提到废后，还是比较谨慎的态度，说："皇后虽然可恨。但废后一事，却有干清议。"吕夷简说："废后之事，古亦有之。光武帝是汉代的明主，其郭皇后仅因为怨怼而被废。何况今日皇后打伤了陛下！"阎文应也在一旁附和，说郭皇后身居中宫九年，却没有子嗣，应当废去。宋仁宗激愤起来，决定废除郭皇后。

宋仁宗要废后的消息传开后，朝中一片哗然。御史中丞孔道辅、谏官范仲淹、同知谏院孙祖德、侍御史蒋堂等十多人联名上奏，称"后无过，不可废"，坚决反对宋仁宗废除郭皇后。宰相吕夷简早有准备，抢先一步下令有司不得接纳台谏章奏。宋仁宗则抢在群臣发难之前，下了废后诏书，说郭皇后没有子嗣，自愿退位修道，特封为净妃、玉京冲妙仙师，赐名清悟，居长宁宫（之前称长乐宫）。

御史中丞孔道辅和谏官范仲淹等人见台谏的奏章无法送到皇帝手中，无法可想，竟然集体跑到皇帝寝宫门口进谏。这是前所未有的大事。进谏的大臣们都跪在宫门口，请求皇帝召见，对答郭皇后被废一事。但无论范仲淹等人如何力争，守卫殿门的内使只是紧闭大门，不予通报。孔道辅急得不行，上前抓住宫门的铜环急叩，还大声喊道："皇后被废，累及圣德，为什么不听我们谏官的意见？"宫门后的内使大概也怕出事，便急忙入报。不久，有内使在门后传话，让进谏的大臣们到中书政事堂与宰相对话。

孔道辅和范仲淹等人来到中书堂时，宰相吕夷简已经等在那里，显然是有备而来。孔道辅一上来就质问吕夷简说："大臣对皇后来说，就像儿子对待父母一样。父母不和，可以劝他们和解，怎么能只顺从父亲一面而不要母亲呢？"吕夷简争辩说："废后一事，不是本朝首创，古已有之，汉朝和唐朝都有先例。"孔道辅怒斥道："大臣应该引导君王为尧、舜那样的圣主，为什么偏偏要引汉、唐失德事作为标准？"

群臣随即一哄而上，纷纷指责吕夷简。吕夷简招架不住，只好拱手说："各位还是去见陛下力陈吧。"然后匆忙离开。

第二天，孔道辅等人入朝，准备召集百官，与吕夷简当廷争论。然而，宋仁宗的圣旨突然到来，说"伏阁请对，盛世无闻，孔道辅等冒昧径行，殊失大体"，将孔道辅和范仲淹贬黜出京城，其他进谏大臣罚俸半年。废后之议就因此而定。

莲花经赞

宋仁宗

六万馀言七轴装，无边妙义内含藏。
溢心甘露时时润，灌顶醍醐滴滴凉。
白玉齿边流舍利，红莲舌上放毫光。
假饶造罪如山岳，只消妙法两三行。

庆历八年四月二十八日汉体书二诗

花领红鬃一向偏，绿槐香陌欲朝天。
仍嫌众里骄行疾，傍镫深藏白玉鞭。

腰间宝剑七星文，臂上雕弓百战勋。
见说云中擒丑虏，始知天上有将军。

翟光邺理政宽严简明

翟光邺（907—952），字化基。五代时濮州鄄城（今鄄城县旧城镇）人。

翟光邺的父亲名叫翟景珂，倜傥有胆气。梁贞明初，晋王李存勖部南下，驻军黄河北岸，与南岸后梁军形成对峙。景珂率众乡亲武装保卫家乡，坚守永定驿，固守逾年。后因兵乏粮缺，永定驿被晋军攻下，景珂战死。当时，光邺只有十岁，被晋军所俘。晋王李存勖养子李嗣源（即后来的后唐明宗）爱其聪颖，不忍杀害，遂养于身边，起名"永定"。

待翟光邺年长成人，沉毅有谋，莅事寡过。后唐取代后梁，李嗣源即位，是为明宗。翟光邺先后被委任皇城使、检校司空、耀州团练使。后唐末帝清泰初年，入朝任左监门卫大将军。后晋石敬瑭灭后唐后，翟光邺历任棣、沂二州刺史、西京副留守。后晋开运初年，授宣徽使。平卢节度使杨光远叛晋被剿灭，战乱后的青州人物凋敝，急待整治，朝廷命光邺任青州防御使。当时，由于战乱，青州百姓逃死者大半，社会萧条。光邺一面招怀抚谕，安抚兵民；一面招贤纳士，广求治理社会，发展经济之道。一月之间，流亡在外的民众陆续归来，农桑俱兴，百姓视光邺为大恩人。

后晋开运三年（946年），契丹入汴灭后晋。伪政权命光邺为曹州刺史。契丹退兵后，后唐明宗之子、许王李从益即位汴京。念光邺为明宗旧臣，任命为枢密使，掌握军事大权。不久，后汉高祖刘知远即位，改翟光邺为左领卫大将军。乾祐初，迁左金吾卫大将军、充街使、检校太保。后周太祖郭威篡后汉即位，复授宣徽使、左千牛卫上将军、检校太傅兼枢密副使，后任永兴军节度使。后周广顺二年（952年）十月，翟光邺卒于长安，时年45岁。

翟光邺固有器度，慎密敦厚，不善言辞，但多谋善断，凡有高兴或心烦之事从不在脸上表现出来。翟光邺是一孝子，侍奉继母如亲生母亲，孝声传遍京城坊间。兄弟之间都能和睦相处。虽然他长期身居高官，但家无余财，不营私产，不建私宅。任左金吾卫大将军时，全家人借居几间官舍，仅避风雨。家族人多，俸禄不宽余，家人皆粗食淡饭，人不堪其忧，而翟光邺却嫣然自乐。每当朋友光临，尤其儒者，必备酒招待，谈说终日，从不厌倦，以求治国之道。权知京兆时，以宽静为治，处理政要，宽严简明，尽去前任烦苛之事，大大方便了百姓。在其病危时，将其家人亲随召于卧室，告诫曰：“我气绝之后，把尸体运归洛阳，不要久留于此麻烦军府。”言讫而终。京兆官吏如丧至亲，不少人以浆酒进行遥奠。吏民怀念翟光邺，上书朝廷，要求将其留葬立祠。枢密使王峻素来敬重光邺，上奏朝廷，对其亲属给以优厚抚恤，所赐赙增数千银。皇帝下诏赠翟光邺太子少师。翟光邺短暂一生，历经五朝九帝，能善避杀机，在风云变幻的五代时期是少有的。

由于翟光邺平时善于摄养，其体态偏于肥胖。司天监赵延义善相术，曾对人说：“翟光邺外厚而内薄，虽然富贵而不能长寿。”果如其言。

翟光邺继承了父亲的传统，十分有胆识，为官后一心为百姓去除繁重的苛捐杂赋。自己虽粗茶淡饭，却嫣然自乐，这样的气度又有谁能及呢？一切从简，世事也会变得简单。

□史海撷英

桑维翰与后晋开国

后唐太原节度使石敬瑭卖国篡位，以割地、贿赂、称"儿皇帝"等三个条件，取得契丹贵族的支持，灭掉后唐建立后晋。在石敬瑭卖国篡位过程中，其节度掌书记桑维翰是起了重大作用的，这点从桑氏在开国后次月入登相位并赐"推忠兴运致理功臣"殊荣上可证。正因为如此，桑维翰与石敬瑭一样，受到后世谴责。王夫之斥之为"后世之罪人"，《残唐五代传》责之为"奸臣阿附"。当今一些学者亦持相同观点，如陶懋炳先生说桑维翰为石敬瑭卖国篡位的谋主，指斥为民族败类、卖国贼；卞孝萱、郑学檬两先生认为桑维翰是石敬瑭投降契丹、称帝立国的主要策划者，是一个民族败类。郑先生还在他的一篇石敬瑭评价专文中指出："石敬瑭当然是罪大恶极，助成此事者桑维翰也是'万世之罪人'。"就桑维翰在石晋立国过程中所作所为而论，痛斥其为民族败类、卖国贼，毫不为过，但桑维翰不过是石敬瑭卖国篡位阴谋计划的大力支持者和鼎力执行者，并非主谋。

新旧《五代史》记载表明，桑维翰完全赞成石敬瑭"异谋"，即反叛后唐，并结契丹为援。对此，《资治通鉴》所载甚详。《资治通鉴》卷二八零后晋高祖天福元年（936年）五月载：掌书记洛阳桑维翰曰："……今主上以叛逆见待，此非首谢可免，但力为自全之计。契丹素与明宗约为兄弟，今部落近在云、应，公诚能推心屈节事之，万一有急，朝呼夕至，何患无成。"

胡三省注云："观敬瑭此言，则求援于契丹者本心先定之计也，桑维翰之言正会其意耳。"石敬瑭主要将佐中，也只有掌书记桑维翰与都押牙刘知远赞成其计。时人亦持此种观点。值得注意的，只是桑氏对石敬瑭的密计做了更为深刻而具体的说明，并在某种程度上指明了对待契丹的基本态度和基本要求："推心屈节"事之、"称儿皇帝""割地""重赂奉财"，这由"公诚能推心屈节事之"态度到"草表"行动到"竭中国之财以奉大国"之言辞再到契丹主"尽忠"之夸奖可证。

由此可知，桑维翰"推心屈节"事契丹的态度和主张影响重大而深远，在这层意义上说，桑氏是不能摆脱石敬瑭应允契丹兵援条件的干系，难怪一些学者将他当作石氏卖国篡位的主要策划者。

桑维翰不仅赞成"密计"，指明对待契丹的基本态度，而且鼎力相助，使"密计"得以兑现。《旧五代史》卷八十九《桑维翰传》云："及建义太原，首豫其谋，复遣为书求援于契丹，果应之。俄以赵德钧发使聘契丹，高祖惧其改谋，命维翰诣幕帐述其始终利害之义，其约乃定。"《新五代史》卷二十九《桑维翰传》《资治通鉴》卷二八零后晋高祖天福元年（936年）闰十一月条所载略同。可见，桑氏在实施"密计"过程中，一是根据授意草拟卖国文书，二是在关键时刻亲自出马，成功劝勉契丹主坚决支持石晋。桑氏之力辩，有"理"无节，但的确是石敬瑭"密计"的忠实推行者，无怪乎契丹主对石敬瑭建言："桑维翰尽忠于汝，宜以为相。"可以说在"密计"制定和实施过程中，石敬瑭与桑维翰互为表里，桑维翰是石敬瑭"密计"的坚决拥护者和忠心执行者，为石晋开国作出了重大贡献，为石晋三大创业功臣之一。

裴坦至高官尚节俭

裴坦(生卒年不详)，字知进。唐代河东闻喜(今属山西)人。唐文宗大和八年(834年)登进士第，官至同中书门下平章事。

科举时代，读书人经历了"三更灯火五更鸡"的苦中苦，待到金榜题名成了"人上人"时，无不春风得意，喜气洋洋，视为苦尽甘来，从此不再做学问，醉心于官场福禄。

然也有与众不同的独行客，此君是唐代诗人裴坦。

裴坦，字知进，河东闻喜(今属山西)人，唐文宗大和八年(834年)登进士第。这是科举考试的最高出身了，但他并未心满意足沾沾自喜，托故缺席了风光无限的新科进士宴——曲江宴，也不曾前呼后拥往慈恩寺作留名后世的"雁塔题名"，而是收拾行李赶返家乡。

此后，裴坦闭门谢客，继续他的"三更灯火五更鸡"生活。家人亲友甚为不解，问他好不容易中了进士，为何不愿安享这荣华富贵。他正色而言："虽及第而离精湛甚远，实属侥幸，深自惭愧。学无止境，还须用心深造。"

整整三年时间里，裴坦早临明窗，夜伏烛案，如进士考试前一样地刻苦攻读，不让自己有一刻闲过。恩师、礼部员外郎李汉那里，倒常有书信往来，问候祝福而外，多的是交流吟诗作赋之法、修身养性心得、治国安民之道。

苦心人，天不负，裴坦的学业与时俱进，佳作源源不断。这才带着试卷重又入京，向恩师李汉交卷。李汉阅后由衷赞叹："较之三年前应试时益发精彩！贤契字知进，真名副其实矣也。"于是荐之于朝。

裴坦踏入仕途后，以其学富五车才高八斗大展宏图，得到百姓拥戴，上司信赖，屡屡升迁。历任宣歙从事、左拾遗、中书舍人、谏议大夫，直至官拜中书侍郎同中书门下平章事，即宰相。

及第犹"知进"成就了裴坦德才双馨，史书上称赞他"性简俭"，即便是当朝一品时，仍铭记圣贤教诲，居高位而不事奢华。

唐朝人杨收、段文昌都是幼年丧父，后中举被朝廷器重晋升为宰相的。他们都很讲究排场，喜爱奢华。杨收女儿嫁给裴坦长子为妻出嫁时，嫁妆既多而又讲求华丽，连家用小杂器多数也用金银制成。裴坦讲究节俭，听了很不高兴。一天，他与同朝好友以及儿女一辈人来到新媳妇住处，见茶台上用小盘子盛放果品，裴坦脸上露出喜悦的神色。但仔细一看，盘中雕有鱼和犀牛形状的图案，大为恼火，立即推倒茶台，甩着衣袖走了出来，他说："这是败坏了我家的门风！"过了些时日，杨收因接受别人的贿赂，以致被朝廷解除了官职，真是自作自受啊！

□ 故事感悟

裴坦虽科举及第，但并未沾沾自喜，反而因感觉距离精湛甚远而继续深造，这说明他是一个不慕奢华富贵的人。而娶媳一事，更体现出裴坦坦然做人、明白做事的节操。对自己要求严格，时刻铭记圣贤教诲，不愧为"德才双馨"。

甘露之变

郑注和李训计划在下葬王守澄的时候，要求所有宦官都为王守澄送殡，然后以所率亲兵怀藏利斧将其全部砍杀。但李训求功心切，决定抢先下手。太和九年（835年）11月21日，李训提前在宫中部署了兵力，等文宗上朝后，假称大明宫左金吾大厅之后的石榴树上夜降甘露（甘露是预示天下升平的祥瑞），诱使神策军中尉仇士良、鱼弘志等前往，想一举诛杀宦官。没想到，被仇士良看出破绽，他们立即返回大殿，挟持着文宗直往内宫夺路而逃。缓过神来之后，立即派兵关闭宫门，对宰相和朝廷官员下了杀手。李训乔装出宫，一路上假装疯癫逃到终南山的寺院中，后被地方官抓获。他担心押送到宦官手中会遭羞辱和酷刑，在到达京师附近时，便对押送的人说："现在禁军到处抓我，是因为能够得到重赏。等他们见到我，肯定会将我从你们手里抢去领功，不如你们把我杀了，拿着我的首级去领赏更直截了当。"结果，李训被杀。郑注和全家老幼被仇士良派人诛杀，与事变有关无关的朝廷官员也有上千人被杀。这次事变后，宦官更加盛气凌人，对待皇帝也很不礼貌，常常出言不逊。文宗羞惧难当，从此也不再作声。据说，只是在独居无人的时候，文宗才会自言自语："须杀此辈，令我君臣间隔。"文宗留下了一首"辇路生春草，上林花发时。凭高何限意，无复侍臣知"的诗，正是这一凄凉无奈神情的写照。

开成四年（839年），文宗在一次延英殿召对的间隙，退坐思政殿，悄悄地问当值学士周墀："在你看来，朕是什么样的君主？"周墀再拜："此事不是臣所能够有资格评价的。不过天下都说陛下是尧舜一样的君主。"文宗苦笑道："朕的意思是，如果与周赧王、汉献帝相比如何？"周墀惶骇跪奏："陛下之德，周成、康二王和汉文、景二帝也难与相比，怎么要自比那二位君主呢？"文宗道："周赧王、汉献帝不过是受制强臣，今朕受制家奴，自以为远远比不上他们。"说罢，不免又一阵伤感。宦官对待皇帝尚且如此，宰相更是不在话下。天下大事从此都由宦官的北司决策，南衙宰相机构只是"行文书"而已。

汉光武帝力行倡薄葬

刘秀（公元前5—57），汉族，南阳蔡阳（今湖北枣阳西南）人。东汉王朝开国皇帝，中国古代著名的政治家、军事家。西汉末年，海内分崩，天下大乱，西汉皇族后裔刘秀与兄在家乡舂陵乘势起兵，与众英雄并争天下。25年，刘秀在河北登基称帝，建立了东汉王朝。经过长达十数年之久的统一战争，刘秀先后平灭了绿林、赤眉、隗嚣、公孙述等诸多割据势力和为数达百万的大小农民起义军，使自西汉末年以来纷争战乱20余年的中华大地再次归于一统。天下定后，刘秀推行"偃武修文"的国策，发展生产、大兴儒学，从而奠定了日后东汉王朝近200年的基业。

秦汉盛行厚葬，而皇帝和达官贵戚更甚。存世知名的秦始皇陵、河北满城汉墓和马王堆汉墓都是明证，帝王陵墓常常要耗费无数的民力和财力，像汉成帝修昌陵，"多赋敛徭役，兴卒暴之作。卒徒蒙辜，死者连属，百姓罢极，天下匮竭"。然而，皇帝也不可一概而论，像西汉文帝和东汉的光武帝，不但能戒奢崇俭，而且力倡薄葬为天下先。这在封建时代，特别是厚葬成风的汉代的确是难能可贵的。

建武七年（31年），光武帝下诏：

世以厚葬为德，薄终为鄙。至于富者奢僭，贫者单财，法令不能禁，礼义不能止，仓卒乃知其咎。其布告天下，令知忠臣、孝子、慈兄、悌弟薄送终之义。

世俗以厚葬为德，然而，丧乱之际，厚葬的陵茔坟墓却都被盗掘，反而有违孝子的初衷。以此，光武帝倡导薄葬送终，而且自己身体力行。建武二十六年，他为自己作寿陵。将作大匠窦融上言，园陵广袤，不知该如何安排。光武帝说："古者帝王之葬，皆陶人瓦器，木车茅马，使后世之人不知其处。太宗识终始之义，景帝能述遵孝道，遭天下反覆，而霸陵独完受其福，岂不美哉！"在这种思想指导下，他规定寿陵的面积不要超过两三顷，不要起山陵，陂池只要能流水就行。中元二年（57年）光武帝去世。死前特地下遗诏，以为自己无益百姓，要求身后丧葬皆如汉文帝时制度，务从约者。刺史、两千石地方长官都不得擅离城郭，也不要派专人赴京，不要发唁函。

■故事感悟

古人世俗都以厚葬为光耀的事，所以改变世俗观念是很难执行的。刘秀身体力行，倡导薄葬，实乃为国家社稷、百姓的生存着想。以己之力，排除是非观念，实在是简朴廉政的先锋。

■史海撷英

刘秀偃武修文，励精图治

自新末大乱到天下再次一统，历经近20年的时间。此间百姓伤亡惨重，战乱和病饿而死者不计其数，到刘秀再次统一天下之后，天下人口已经是"十有二存"了。为了使饱经战乱的中原之地尽快地恢复和发展，刘秀则"知天下疲耗，思乐息肩。自陇、蜀平后，非儌急，未尝复言军旅"。同时，刘秀连续下达了六道释放奴婢的命令，使自西汉末年以来大量失去土地的农民沦为奴婢的问题得到了极大的改善，也使战乱之后大量土地荒芜而人口又不足的问题得到了解决。同时，刘秀还大力裁撤官吏，合并郡县。光武帝下诏："并省400余县，吏职减损，十置其一"，这样极大地减轻了人民的负担。到刘秀统治的末期，人口数量达到了2000多万，增长了一倍还多，经济也得到了极大的发展。

建武三十二年二月，刘秀率文武百官数千人，来到泰山，举行了声势浩大的封禅大典。归来之后，刘秀下令改次年为中元元年，以示功德圆满。泰山封禅后的第二年，即中元二年，刘秀驾崩于洛阳南宫前殿。去世前，刘秀自称无益于百姓，诏令薄葬，时年62岁，在位33年。

曹操戒奢倡简约

曹操（155—220），字孟德，小字阿瞒，一名吉利，沛国谯（今安徽省亳州市）人。中国东汉末年著名的军事家、政治家和诗人，三国时代魏国的奠基人和主要缔造者，后为魏王。其子曹丕称帝后，追尊他为魏武帝。曹操一生征战，为全国尽快统一，在北方广泛屯田，兴修水利，对当时的农业生产恢复有一定作用；其次，他用人唯才，打破世族门第观念，抑制豪强，所统治的地区社会经济得到恢复和发展。此外，他还精于兵法，著《孙子略解》《兵书接要》《孟德新书》等书。作为一代枭雄，他还精通音律，善作诗歌，抒发政治抱负，并反映汉末人民苦难生活，慷慨悲凉。

曹操凭借出众的谋略，屡摧强敌，终于芟夷群雄，统一北方。当时中原地区经汉末的战乱，人口大量死亡，"白骨露于野，千里无鸡鸣"，社会经济遭到极大的破坏。直到汉献帝建安（196—220）后期，法令仍规定以木制做刑具，"是时乏铁，故易以木焉"，足见此前经济已凋敝到什么程度。正是在这种情况下，执掌朝政大权的曹操开始力倡廉俭，并以身作则来改变东汉流传下来的奢华之风。

曹操的祖父曹腾是东汉后期著名的宦官之一，权倾一时，家产颇为丰足。曹操的父亲曹嵩（系曹腾养子）在汉灵帝卖官时，"货赂中官及输西园钱一亿万，故位至太尉"。尽管曹操自幼生长于锦衣玉食的高官显宦之家，但他"雅性节俭，不好华丽"。当建安元年他迎奉汉献帝刘协迁都许县（今河南许昌市）时，宫中器物短缺，他就将家中所藏汉顺帝等赐给祖父曹腾的各种金银器具及象牙、漆器等制作精美的器物都献上供刘协使用，自己平素所用器物则只求适用，不讲装饰。如他在《内严器诫令》中称："孤不好鲜饰，严具用新皮韦笥，以黄韦缘。中遇乱世，无韦笥，乃更作方竹严具，以皂韦衣之，粗布里，此孤平常之用者也。"

曹操十分注意自己言行的表率作用，他在《内诫令》中提道："孤有逆气病，常储水卧头，以铜器盛，臭恶。前以银作小方器，人不解，谓孤喜银器。今以木作。"曹操因身患疾病，常需冷水，故用银器盛水，以免臭恶，这本非大事。但当他知道别人因此误认为他喜好银器后，遂改用木制，足见他知道自己的一言一行都关系到天下的风俗好尚，故而在此小事上亦毫不放松。他在《内诫令》中还讲道："吾衣被皆十岁也，岁岁解浣补纳之耳。"衣、被皆用十年，坏了补纳后再用，不要说是曹操这样执掌朝政的权臣，即使是个一般官吏，亦足以称为廉俭了。史称曹操"后宫衣不锦绣，侍御履不二采，帷帐屏风，坏则补纳，茵蓐取温，无有缘饰"。足见他确实言行如一，为群下作出表率。此外，他对自己的亲属亦要求甚严，他第四个儿子曹植的妻子崔氏穿着绣衣，"太祖登台见之，以违制命，还家赐死"。

曹操在开始起兵时，曾"散家财，合义兵"，后亦不以经营家产为意。"初，太祖为司空时，以己率下，每岁发调，使本县平赀。于时谯令干（曹）洪赀财与公家等，太祖曰：'我家赀那得如子廉耶！'"

当时曹操已执掌国家大权，但他仍使县令评估自己的家产，依法令输调。而且他自知家产尚比不上隶于麾下的曹洪（字子廉）。征战俘获与四方贡献来的珍稀之物，他多分赐群臣，"攻城拔邑，得美丽之物，则悉以赐有功。……四方献御，与群下共之"。如攻下柳城后，"班所获器物，特以素屏风、素冯几赐（毛）玠"。建安十二年，他还将自己封邑所得的田租分给部下，"今分所受租与诸将掾属及故戍于陈、蔡者，庶以畴答众劳，不擅大惠也。宜差死事之孤，以租谷及之"。

除以身作则外，曹操还任用清正廉洁的崔琰、毛玠等主持官员选举，他们"务以俭率人，由是天下之士莫不以廉节自励，虽贵宠之臣，舆服不敢过度"。针对东汉后期曾出现的买官之风，曹操特别下令告诫那些妄图依靠行贿取得好处的人："今清时，但当尽忠于国，效力王事。虽私结好于他人，用千匹绢、万石谷，犹无所益。"经过整顿，朝廷上下气象为之一新，"贵者无秽欲之累，贱者绝奸货之求，吏洁于上，俗移乎下"。

在婚丧习俗上，曹操亦身体力行，纠矫奢华之风。据《傅子》记载："太祖愍嫁娶之奢僭，公女适人，皆以皂帐，从婢不过10人。"关于丧俗，曹操在建安十年平定河北后，"令民不得复私仇，禁厚葬，皆一之以法"。他在生前就安排好自己的丧事，一切从简，预先做好送终衣服，按春、夏、秋、冬分盛于4个衣箱内，嘱咐说："有不讳，随时以敛，金珥珠玉铜铁之物，一不得送。"在临终前的遗令中，他又再次重申："敛以时服无藏金玉珍宝。"对这一时期墓葬所做的考古发掘反映出，该时期墓葬的规格较清楚，规模比东汉时期明显减小，随葬品亦大大减少。这表明在曹操的带动下，禁止厚葬的法令在汉魏之际确实得到较好的贯彻。

作为政权实际统治者的曹操，能在不长的时间内，使弥漫于东汉政界的奢华贪秽之风得以完全改观，是相当不容易的。这首先在于他能正身以率下，并且像改银器为木器那样，不忽略任何能引起别人误解的小事。而这种政风的彻底改变，又成为他荡平群雄、统一北方，最终建立起曹魏政权的可靠保证。

■史海撷英

曹操三战徐州

献帝初平四年（193年）秋，曹操的父亲曹嵩来曹操处路上，被护送的陶谦部将张闿所杀，曹操遂进兵徐州（治郯，今山东郯城），向东南扩展势力。徐州牧陶谦退守郯县。不久曹操军粮将尽，撤围回军。

次年夏，曹操再征徐州，略地至东海。曹操征徐州期间，所过大肆杀戮，一路上"鸡犬亦尽，墟邑无复行人"。加入讨董卓之战的陈留太守张邈和曹操部将陈宫对曹操不满，遂叛操，迎吕布为兖州牧。吕布为当时名将，先为董卓部将，曾与王允定计诛杀董卓。当时只有鄄城（今属山东）和东郡的范（今山东范县东南）、东阿（今山东阳谷东北）两县尚在曹操掌握之中，分别由司马荀彧和寿张令程昱、东郡太守夏侯惇等坚守，形势异常危急。曹操从徐州赶回，听说吕布屯于濮阳，遂进军围攻濮阳。二军相持百余日，蝗灾大起，双方停战，曹操军还鄄城。

此时，曹操失去了兖州，军粮已尽，袁绍派人来劝说想让曹操投靠他，将曹操举家迁到邺县（在今河北临漳县西40里）当人质。曹操本打算答应袁绍，多亏程昱劝阻，曹操才打消这个念头。

兴平二年（195年）夏，曹操整军再战吕布，于巨野（今山东巨野南）大破吕布军，吕布逃往徐州投靠刘备。

从建安二年起，曹操利用他"挟天子以令诸侯"（《三国志》记载为"奉天子而令不臣"）的政治优势，东征西讨，开始了他翦灭群雄、统一北方的战争。其时，在曹操的北边，是占有冀、并、幽、青四州的袁绍；南边，是占据扬州的袁术；东南，是占据徐州的吕布；正南，是占据荆州的刘表；西边，是关中诸将。此外，董卓部将张济之侄张绣投降刘表后，屯驻于宛县（今河南南阳），对许都形成威胁。

建安三年（198年）九月，曹操东征徐州，进攻久与他为敌的吕布。在曹军攻势之下，吕布军上下离心。十二月，吕布部将魏续、宋宪等生擒吕布谋士陈宫归降曹操。吕布见大势已去，下城投降。曹操将吕布、陈宫、吕布部将高顺等人处死，收降吕布部将张辽、臧霸、孙观等人，初步控制了徐州。

□文苑拾萃

建安风骨

建安风骨指汉魏之际曹氏父子、建安七子等人诗文的俊爽刚健风格。汉末建安时期，文坛巨匠"三曹"（曹操、曹丕、曹植）、"七子"（孔融、陈琳、王粲、徐幹、阮瑀、应场、刘桢）继承了汉乐府民歌的现实主义传统，普遍采用五言形式，以风骨遒劲而著称，并具有慷慨悲凉的阳刚之气，形成了文学史上"建安风骨"的独特风格，被后人尊为典范。无论是"曹氏父子"还是"建安七子"，都长期生活在河洛大地，这种俊爽刚健的风格是同河洛文化密切相关的。"风骨"是中国文学批评史上的一个重要的概念，自南朝至唐，它一直是文学品评的主要标准。

宇文邕胜战毁撤宫殿

北周武帝宇文邕（543—578），汉化鲜卑人。小字弥罗突。560—578年在位。代郡武川（今内蒙古武川西）人。宇文泰第四子。曾用年号：保定（561—565），天和（566—572），建德（572—578），宣政（578年）。谥号武帝，庙号高祖。陵墓孝陵。

封建政权中有作为的君王在国势危难时，多能卧薪尝胆，发奋图强；而在战胜强敌，或统治稳固后，能继续保持勤俭之风的就极少了。如统一天下的西晋武帝司马炎，"平吴之后复纳孙皓宫人数千，自此掖庭殆将万人""遂怠于政术，耽于游宴"。以俭素著称的前秦苻坚"自平诸国之后，国内殷实，遂示人以侈"。但也有的帝王在战胜敌国后，不奢不怠，愈加俭朴，北周武帝宇文邕就是其中突出的一个。

宇文邕是西魏大冢宰宇文泰的第四子。北周明帝宇文毓在武成二年（560年）中毒后遗诏传位给他，他遂成为北周的第三任皇帝。起初，朝政大权都控制在太师、大冢宰宇文护手中，直到天和七年（572年）三月诛宇文护后，他才正式掌管国政。

宇文邕在执政之初就下诏："顷兴造无度，征发不已，加以频岁师旅，农亩废业……自今正调以外，无妄征发。"并开始毁撤一些过于奢华的宫殿，"幸道会苑，以上善殿壮丽，遂焚之"。

建德六年（577年）正月，宇文邕经过数年苦战，终于平定北齐，统一了北方。北齐后期营造不停，各种建筑都"穷极工巧"。宇文邕在战事结束后，即下诏指出北齐统治者："世纵淫风，事穷雕饰。或穿池运石，为山学海。或层台累构，概日凌云。以暴乱之心，极奢侈之事，有一于此，未或弗亡。"命令毁撤齐后主高纬经常游宴的东山、南园和三台，"瓦木诸物凡入用者，尽赐百姓"。当年四月，宇文邕自邺城（今河北临漳）回到长安（今陕西西安），将俘虏的北齐君臣向太庙举行献俘仪式。此时，宇文邕并未因消灭强敌而沉湎于胜利之中，首先考虑的是如何以身作则来纠正北齐后期的奢靡之风。五月，宇文邕下诏在农闲时毁撤宇文护专权时修筑的过于奢豪的露寝、会义、崇信、含仁、云和、思齐诸殿等，把毁撤下来的建筑材料都赐给贫民。并指出自己："恶衣菲食，贵昭俭约，上栋下宇，土阶茅屋，犹恐居之者逸，作之者劳。"还特别提出："兼东夏初平，民未见德，率先海内，宜自朕始。"以后在修建宫殿时则要"务从卑朴"。在毁撤京师长安的部分宫殿后，宇文邕又下诏拆除并州（今山西太原）和邺城原北齐宫殿中过于奢华的建筑："京师宫殿，已从撤毁，并、邺二所，华侈过度，诚复作之非我，岂容因而弗革。诸堂殿壮丽，井宜除荡，甍宇杂物，分赐穷民。三农之隙，别渐营构，止蔽风雨，务在卑狭。"将他所居住的宫殿"改为土阶三尺，不施栌栱。其雕文刻镂，锦绣纂组，一皆禁断"。建德六年十一月，宇文邕又改革了后宫体制，指出汉魏以来，后宫人数渐多，且宠幸过度。"选择遍于生民，命秩方于庶职，椒房丹地，有众如云。本由嗜欲之情，非关风化之义。"下诏："后宫唯置妃二人，世妇三人，御妻三人，此外皆减之。"

司马光在叙述宇文邕下诏毁撤宫殿后指出："周高祖（宇文邕死后庙号高祖）可谓善处胜矣！他人胜则益奢，高祖胜而愈俭。"对宇文邕的举动做了极高而又公正的评价。

■故事感悟

宇文邕在战胜强敌之后，愈加俭朴，毁撤宫殿，减省后宫，"身衣布袍，寝布被，无金宝之饰"。从而成为历代统治者中的最好典范之一。

■史海撷英

武帝灭佛

在中国南北朝时期的北周武帝建德年间，周武帝顶住来自各方面的压力，下令在当时佛教盛行的北周罢斥佛教，在全境内展开了一场声势浩大的灭佛运动。在这次运动中，佛像全都被毁，寺庙被收为国有，寺僧均被勒令还俗。武帝这次灭佛较为彻底，北方佛教势力为此几乎禁绝。通过这次灭佛运动，社会经济得到一定程度的恢复，有利于当时政权的巩固。